한 줄로 시작하는 서양철학

철학을 어렵게 만드는 딱 한 줄, 뜻이라도 알자!

한 줄로 시작하는
서양철학

신현승 · 전무규 같이 씀

책知

철학! 참 알쏭달쏭한 말입니다. '학'이라고 이름 붙여졌으니 경제학이나 전자공학처럼 어떤 전문적인 학문을 뜻하는 말인 것 같으면서도, "그 회사는 경영 철학이 없어", "그 노래 가사는 참 철학적이야" 등의 일상적인 대화에서의 용법을 볼 때는, 어떤 전문적인 학문이라기보다는 누구나가 가질 수 있는 어떤 가치관이나 삶의 태도를 말하는 것 같기도 합니다. 참 흔하게 쓰는 말이면서도 가끔은 전혀 모르겠습니다. 철학이 뭔지. 철학은 지식일까, 삶의 태도일까.

철학의 특별함은, 다른 학문들과는 달리 이 두 가지 성격을 다 지니고 있다고 우리 대부분 믿는 데 있습니다. 천재적인 수학자가 일상생활에서 반드시 '수학적'인 삶을 살아야 한다거나 경제학자라고 반드시 백화점에서 경제적인 쇼핑을 해야 한다고 믿는 사람은 별로 없을 것입니다. 그러나 도덕과 선을, 정의와 진리를 이야기하는 철학자라면 그의 삶도 그의 지식과 일치하거나, 최소한 모순되지 않기를 우리는 기대합니다. 그렇다면 철학은 지식이면서 동시에 그 지식을 통해 인도되는 삶의 방식이나 태도를 함께 알려준다고 해도 무방할 듯싶습니다. 다시 말하자면, 철학적 지식은 내가 살아가고자 하는 삶에 관한 지표가 되며, 나아가 삶 자체라 할 수 있을 것입니다. 그래서 우리는 철학을 공부하고자 합니다.

그런데 문제는 철학이 너무 어렵다는 겁니다. 철학자들은 옛날 사람들이나 요즘 사람들이나 한결같이 어려운 용어만 사용하고 손에 잡히지 않는 뜬구름 같은 이야기들만 하고 있습니다. 친절하게 쉬운 말로, 알기 쉽게 결론만 이야기 해주면 좋겠는데 말이죠. 깊이 파헤치고 하나하나 증명하고 난해한 개념들을 잔뜩 만들어 꼬리에 꼬리를 물며 추론하고. 그래서 큰 맘 먹고 철학책을 펼쳐 들었지만 열 쪽도 못 넘기고 포기해버리기 일쑤입니다. 저도 학교 다닐 때, 칸트의 〈순수이성비판〉 앞에서 수많은 밤과 낮을 고통스러워하며, 포기와 재도전을 수없이 반복했던 기억이 납니다.

그래서 이 책은 꼭 알아야 할 철학자들의 대표적인 사상을 아주 얕고 쉽게 접근합니다. 그저 '소크라테스가 무슨 말을 했더라?' '신은 죽었다는 말을 한 사람이 누구였지?' 등의 가벼운 지적 호기심으로부터 시작해서, 그 말이 어떤 배경에서, 어떤 의도로, 어떠한 삶을 지향하며 탄생되었는가를 가볍게 훑어보는 것에 목적을 두고 썼습니다. 살아가면서 문득문득 떠올리며 험난한 항해의 나침반으로 삼을 수 있는 명언들, 위대한 철학자들의 깊은 사상이 담겨 있는 경구를 다만 한 줄이라도 똑바로 알아두자는 취지입니다.

전문적인 지식은 좀 더 관심과 독서력이 증가했을 때를 위해 잠시 미뤄두었습니다. 아마 2권이 나온다면 보다 깊이 있고 좀 더 골치 아픈 철학책이 되겠지요. 지금은 스스로 삶의 태도를 결정하는 데 있어 이 책에 등장한 철학자들의 한마디 한마디가 때때로 쓰임새 있는 사소한 도구가 되기를 바랄 뿐입니다.

2020년 1월, 첫 책의 의미를 담아

신현승·전무규

| 차례 |

만물의 근원은 물이다

탈레스
Thales BC624?~BC546

'너 자신을 알라'는 격언은 흔히 소크라테스가 한 말로 알려져 있습니다. 사실 이 말은 델포이의 아폴론 신전 기둥에 새겨져 있던 문구입니다. 디오게네스 라에르티오스에 따르면, 유명한 이 말의 주인공은 고대 그리스의 7현인* 중 한 명이었던 탈레스라고 합니다. 자기 존재에 대해 근본적인 의문을 제시하는 '너 자신을 알라'는 표현이 철학의 출발을 알리듯이 탈레스는 서양철학에서 그 첫 걸음을 떼게 한 '철학의 아버지'였습니다.

최초의 서양 문명인 고대 그리스 문명은 고대 오리엔트 문명으로부터 많은 영향을 받았습니다. 그러나 동양의 전제국가들은 신과 같은 권위를 가지고 백성을 다스린 반면, 그리스는 자유로운 시민 공동체의 터전인 폴리스를 기반으로 민주정치를 활짝 꽃피웠습니다. 또한 그리스는 바다로 둘러싸인 반도라는 이점을 십분 활용하여 해상무역을 활발히 전개하는 동시에 곳곳에 해외 식민지를 건설하여 정치적·경제적으로 지중해 일대의 중심국가가 되었습니다. 대내외적으로 이 같은 환경이 조성되면서 그리스에서 서양 최초의 철학이 탄생할 수 있었습니다. 그리고 그 시조가 바로 탈레스입니다.

★ 기원전 7세기에서 기원전 4세기까지 고대 그리스에서 통명하다고 널리 알려진 인물들이다. 플라톤의 <프로타고라스>에서는 아테네의 입법자 솔론, 밀레투스의 철학자 탈레스, 스파르타의 민선장관 킬론, 프리에네의 참주 비아스, 린도스의 참주 쿠레오브로스, 미틸레네의 참주 피타코스, 케나이의 농부 뮤손을 7현인으로 소개하고 있다.

그리스 7현인의 으뜸인 탈레스

델포이 신전에 이름을 올린 그리스의 현인 탈레스는 기원전 6세기경 항구도시 밀레투스에서 태어났습니다. 소아시아의 이오니아 서쪽에 위치한 밀레투스는 당시에 해상무역을 통해 다양한 문물이 활발히 교류되던 상업의 중심지였죠. 흑해와 이집트 일대에 80여 개의 식민지 도시를 건설할 정도로 정치적으로 번창한 도시이기도 했습니다. 그 무렵 고대 그리스의 다른 어느 곳보다 부유하고 여유로운 분위기 속에서 깊이 사색하며 철학적 사고를 하는 이들이 하나둘 출현하기 시작합니다. 대표적인 사상가로는 탈레스, 아낙시만드로스, 아낙시메네스 등이 있는데, 공교롭

델포이 아폴론 신전

게도 그들 모두 밀레투스 출신이라 흔히 밀레투스학파로 불립니다.

그 중에서 가장 먼저 세상에 알려진 이가 바로 탈레스입니다. 탈레스에 관한 기록은 거의 남아 있지 않지만 세상의 근원을 찾으면서 가장 먼저 보편적인 존재와 앎 자체를 추구했다는 점에서 '철학의 아버지'로 불립니다. 탈레스는 "만물의 근원은 물이다."라고 주장했습니다. 물론 현대 과학의 관점에서는 터무니없는 주장처럼 보이지만 철학의 관점에서 보면 나름대로 근거와 논리를 갖춘 타당성 있는 주장입니다.

젊은 시절 탈레스는 천문학, 수학, 항해술 등에서 그리스보다 앞서 있던 이집트와 바빌로니아를 여행하며 점성술과 기하학을 배웠습니다. 이집트를 방문했을 때는 피라미드의 높이를 측정한 것으로 유명합니다. 햇빛으로 그림자의 길이가 달라지는 것을 유심히 관찰한 후 피라미드의 그림자와 세워 놓은 막대기 그림자 사이의 기하학적 비례를 이용하여 피라미드의 높이를 구했다고 합니다. 수학자로서 탈레스는 다음과 같은 탈레스의 정리로도 널리 알려져 있습니다.

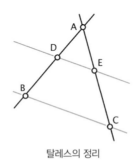

탈레스의 정리

- 이등변삼각형의 두 밑각은 같다.
- 지름은 원을 이등분한다.
- 만나는 직선에 의해 생긴 맞꼭짓각은 서로 같다.
- 반원에 대한 원주각은 항상 직각이다.
- 삼각형의 한 변과 양 끝의 각이 다른 삼각형의 그것과 같으면 두 삼각형은 합동이다.

　천문학에도 관심이 많았던 탈레스는 이때 이미 지구가 둥글다는 사실을 알고 있었고, 1년이 365일 6시간임을 발견하여 그리스에 전했다고 합니다. 또한 작은곰자리를 이용한 항해술을 전하여 그리스 뱃사람들에게 도움을 주기도 했습니다. 천문학자인 탈레스와 관련해서는 다음과 같은 유명한 일화가 전해지고 있습니다.

　어느 날 하늘을 관찰하느라 정신이 팔린 탈레스는 발밑에 있던 웅덩이에 빠지고 말았습니다. 그러자 트라키아 출신의 하녀가 깔깔 웃으며 말했습니다.

　"바로 눈앞의 일도 알지 못하면서 어찌 하늘에서 일어나는 일을 알 수 있나요?"

　세상 사람들은 자신의 생계를 돌보지 않고 관찰과 연구에만 몰두하는 탈레스를 비웃었습니다. 이와 같이 현실을 도외시하는 철학자를 보고 세상 사람들이 비아냥거리자 탈레스는 자신이 익힌 지식을 활용하여 돈을 벌기로 작정합니다. 고대 그리스에서 올리브는 '황금의 열매'로 불릴 정도로 중요한 생필품이었습니다. 돈벌이에 나선 탈레스는 올리브에 주목했습니다. 그는 올리브의 작황 주기를 면밀히 계산하여 흉년이 든 이듬해에 풍년을 예상하고 밀레투스 일대에서 올리브유를 짜는 기계를 수소문하기 시작했습니다. 흉년이 들었던 해라 싼값에 기계들을 모두 사들일 수 있었습니다. 이듬해에 예상대로 올리브는 대풍작을 거두었습니다. 농부들은 올리브유를 짜기 위해 너도나도 기계를 찾았습니다. 하지만 죄다 탈레스의 수중에 있었습니다. 어쩔 수 없이 그들은 울며 겨자 먹기 식으로 탈레스가 원하는 비싼 값을 치르고 기계를 임대해야 했습니다. 오늘날 경제학에서 말하는 '공급의 탄력성 원리*'를 이용하여 이윤을 극대화한 것입니다. 결국 이 사례에서 탈레스가 보여주고자 한 것은, 철학자들이 원하면 얼마든지 돈을 벌 수 있지만 실제로 그러기를 원하지 않을 뿐이라는 사실이었습니다.

탈레스는 기원전 585년 5월 28일에 일어난 일식을 알아맞힌 예언자이기도 합니다. 이 무렵 밀레투스는 문화적으로 바빌론과 교류하던 리디아와 동맹을 맺고 있었습니다. 탈레스는 바빌론의 학자들을 통해 일식이 19년마다 되풀이된다는 사실을 알고 있었고, 이 지식을 토대로 일식을 정확히

* 탄력성이란 판매자와 구매자들이 시장 조건에 얼마나 기민하게 반응하는지를 수치로 나타낸 것이다. 공산품의 경우에는 가격의 변화에 따라 생산량 증감이 용이하기 때문에 공급의 가격탄력성이 높다. 반면 농산물의 경우 가격의 변화에 따라 생산량 증감이 어렵기 때문에 공급의 가격 탄력성이 낮다고 할 수 있다.

예측할 수 있었습니다. 헤로도토스*의 기록에 따르면, 메디아와 리디아 간에 한창 전쟁을 치르고 있을 때 일식이 발생했습니다. 대낮에 갑자기 사방이 어두워지자 놀란 병사들은 싸움을 멈추었습니다. 탈레스의 예언대로 일식이 발생했고, 덕분에 전쟁이 끝나자 그의 명성은 더욱 높아졌습니다.

탈레스는 정치적 수완에서도 뛰어난 통찰력을 발휘했습니다. 그는 이오니아 사람들에게 정치적 통일을 위한 평의회 회의소를 제안했습니다. 동시에 이오니아의 도시국가들은 연방을 이루어야 하며, 각 도시국가는 그 일원으로 자치적으로 운영되어야 한다고 주장했습니다. 그러나 이오니아 사람들은 그의 말을 듣지 않았습니다. 만약 탈레스의 주장대로 이오니아 도시국가들이 연방을 이루었다면 페르시아에 멸망당하지 않고 더 번성했을지도 모릅니다.

탈레스와 관련하여 또 하나 재미있는 사실은 이솝우화의 '꾀부리는 당나귀'에 탈레스가 등장한다는 것입니다.

어느 날 소금을 잔뜩 싣고 가던 당나귀가 냇가에 이르자 일부러 미끄러져 물에 풍덩 빠집니다. 소금을 녹여 짐을 가볍게 하려고 나름 꾀를 부린 것입니다. 그 후로 당나귀는 냇가를 지날 때마다 물에 빠졌습니다. 그러자 화가 난 주인은 당나귀 등에 소금 대신 솜을 실어 당나귀

* 헤로도토스(BC484~BC425)는 키케로가 '역사의 아버지'로 부른 그리스 역사가이다. 상상이 아닌 직접적인 조사를 바탕으로 페르시아 전쟁사를 다룬 <역사>의 저자로 유명하다.

밀레투스의 탈레스

를 혼쭐냅니다. 이 이야기에서 당나귀의 못된 버릇을 고친 주인의 이름이 바로 탈레스입니다. 당나귀의 꾀에 넘어가지 않은 주인답게 역사적으로 탈레스는 총명함으로 손꼽히는 인물이었습니다. 예를 들어 플라톤의 대화편 〈프로타고라스〉에는 그리스 7현인이 등장하는

데, 그 중에서 으뜸으로 설명하는 인물이 바로 탈레스입니다.

자연현상에서 만물의 근원을 찾다

이와 같이 다방면에 다재다능했던 탈레스는 무엇보다 '철학의 아버지'로서 가장 위대한 업적을 남겼습니다. 탈레스를 시발점으로 그리스에서 맨 처음 철학이 탄생했기 때문입니다. 탈레스는 "세상은 무엇으로 이루어졌을까?"라는 물음에 합리적인 답을 제시함으로써 철학을 학문의 영역으로 인도한 선구자였습니다.

그는 '만물의 근원은 물이다.'라고 주장합니다. 세상 만물이 신의 섭리로 움직인다고 생각하지 않고 객관적인 시선으로 관찰하여 만물의 근본 원리를 찾으려 한 것입니다. 당시 그리스인들은 신화에 나온 대로 하늘에서 벼락이 치면 제우스신이 벌을 주는 것으로 여겼고, 바다에서 거센 풍랑이 일면 포세이돈신이 노했다고 여겼으며, 갑자기 사랑에 빠

지면 에로스신이 쏜 화살에 맞았기 때문이라고 생각했습니다. 세상에서 벌어지는 모든 일들을 신의 섭리로 해석하고 믿은 것이지요.

그러나 탈레스는 세상만사를 신의 섭리로 이해하는 대신 객관적인 시선으로 자연을 관찰한 다음 합리적인 설명과 논리로 이를 설명하려 했습니다. 그는 만물의 영양분이 습기에 있고, 만물의 온도도 습기의 작용이며, 지구는 물 위에 떠 있다고 생각했습니다. 철학적인 사고를 바탕으로 만물의 근원과 원리를 '물'로 가정한 것입니다. 이로써 탈레스는 역사상 가장 먼저 신화의 세계에서 철학의 세계로 넘어가는 '최초의 철학자'가 되었습니다.

탈레스의 사상을 계승한 밀레투스학파의 다른 철학자로는 아낙시만드로스와 아낙시메네스가 있습니다. 이들 역시 만물의 근원을 탐구했는데, 아낙시만드로스의 경우 '만물의 근원은 물'이라고 주장한 탈레스와 달리 그것이 특정한 물질이나 사물이 아니라 '규정할 수 없는 무한한 것'이라고 주장했습니다. 그리고 이를 아페이론(apeiron, 무한한 것)으로 불렀습니다. 아페이론의 운동으로 따뜻한 것과 차가운 것이 서로 대립하여 만물이 생겨났다는 것입니다.

라파엘로의 〈아테네학당〉에 등장하는 아낙시만드로스

한편 아낙시메네스는 아낙시만드로스가 주장한 무한성의 개념에 실체성을 부여하여 '만물의 근원은 공기'라고 주장했습니다. 공기가 희박해지면 불이 되지만 농축이 되면 바람이 되고 구름이 되며, 더 농축이 되면 차례로 물과 흙과 돌이 되는 과정을 거치며 만물이 생성된다는 것입니다. 이와 같이 탈레스를 비롯한 밀레투스학파의 철학은 주로 자연현상을 관찰하고 연구하여 그 본질을 찾고자 했기 때문에 자연철학으로 불리기도 합니다.

한 줄로 읽는 탈레스

• 서양철학의 시조로 '철학의 아버지'로 불리고 있다.
• 자연현상에서 만물의 근원을 찾은 밀레투스학파의 일원이었다.
• 수학자로서 유명한 '탈레스의 정리'를 남겼다.
• 신화의 세계에서 철학의 세계로 넘어온 최초의 철학자이다.

조화야말로 참된 미덕이다

———

피타고라스
Pythagoras BC570?~BC490?

고대 그리스 철학자들의 철학적 관심사는 만물의 근원을 알아내는 것이었습니다. 가장 먼저 탈레스는 그것이 물이라 생각했고, 아낙시메네스는 공기라고 생각했으며, 크세노파네스는 흙이라고 생각했죠. 엠페도클레스*는 흙, 물, 공기와 불이라고 생각했습니다. 그런데 피타고라스는 이들 철학자들과 달리 만물의 근원을 질료가 아닌 '수(數)'라고 생각했습니다. 물질세계는 점, 선, 면, 입체로 이루어져 있습니다. 여기서 점은 1을, 선은 2를, 면은 3을, 4는 입체를 뜻하기에 만물은 수로 이루어졌다는 것이 그의 주장입니다. 피타고라스의 저서로 알려진 〈신성한 연주〉에서 그는 음악의 신 오르페우스의 입을 빌려 이렇게 말합니다.

웅변과 서사시의 여신이며 아홉 뮤즈의 여신 중 하나인 칼리오페의 아들인 오르페우스는 그의 어머니로부터 판가이우스산에서 지혜를 배웠다. 그리하여 오르페우스는 수(數)의 영원한 본질이 천상과 지구 그리고 그 사이에 있는 모든 자연에 대한 최고신의 섭리라고 말했다.

* 엠페도클레스(BC490?~BC430?)는 기원전 5세기 무렵 활동한 고대 그리스 철학자로 만물의 근원인 4원소(흙, 공기, 물, 불)가 뭉치고 흩어지면서 세상이 만들어진다고 주장함.

피타고라스는 철학(philosophy)이라는 용어를 처음으로 만든 인물로도 알려져 있습니다. 그리스어로 철학은 사랑을 뜻하는 필로스(philos)와 지혜를 뜻하는 소피아(sophia)가 결합한 말입니다.

어느 해에 피타고라스는 그리스 펠로폰네소스 반도 북부에 위치한 도시 국가 플레이우스를 방문하게 되었습니다. 그때 플레이우스의 왕 레온이 피타고라스에게 물었습니다.

"선생님은 어떤 학문을 공부하셨기에, 이렇듯 훌륭하고 아름다운 말씀을 많이 하시는지요."

그러자 피타고라스는 자신이 지혜를 좋아하는 사람, 즉 '필로소포스' 라고 대답합니다. 바로 이 장면에서 '지혜에 대한 사랑'을 의미하는 필로소피아가 등장합니다.

콩을 먹지 마라

피타고라스는 에게해에 위치한 사모스섬에서 태어났습니다. 젊은 시절에는 학문적으로 탈레스의 영향을 받았으며, 이집트 등지를 여행하면서 학식을 쌓았다고 합니다. 20여 년에 걸친 여행을 마치고 사모스섬으로 돌아온 피타고라스는 고향 땅에서 자신의 철학을 가르치려 했지만 제대로 인정받지 못합니다. 게다가 당시에 사모스섬은 참주 폴리크라테스의 독재에 시달리고 있었죠. 그래서 피타고라스는 고향을 떠나 이탈리아 남부의 크로톤으로 이주합니다. 크로톤에서는 금욕적인 신비주의 철학을 가르치며 유명해졌습니다. 그러자 많은 추종자들이 그를 따르면서 피타고라스학파라는 일종의 종교공동체가 형성되었습니다. 피타고라스학파 사람들은 엄격한 금욕주의 교리를 지키면서 공동생활을 했습니다. 그들이 금기시한 교리에는 다음과 같은 것들이 있습니다.

- 콩을 먹지 마라.

- 흰 수탉을 만지지 마라.

- 심장을 먹지 마라.

- 저울을 넘어가지 마라.

- 화환의 꽃을 뜯지 마라.

- 말 위에 앉지 마라.

- 넓은 길로 다니지 마라.

- 불빛 곁에서 거울을 보지 마라.

- 쇠붙이로 불을 휘젓지 마라.

피타고라스학파가 이러한 신비주의적인 생활양식을 추구한 사상적 배경에는 영혼윤회설*이 있습니다. 피타고라스는 "영혼은 불멸하며, 그것이 반복해서 다른 육체로 들어가 윤회한다."라고 제자들에게 가르쳤습니다. 이것은 불교에서 말하는 윤회와도 비슷합니다.

피타고라스의 영혼윤회설과 관련해서는 크세노파네스가 풍자한 유명한 일화가 있습니다.

* 사람이 죽으면 육체를 떠난 영혼이 다른 생명체로 들어가 계속 환생한다는 주장.

일출을 찬양하는 피타고라스학파

어느 날 피타고라스가 길을 걷고 있을 때 개 한 마리가 심하게 매질을 당하고 있었습니다. 그 광경을 보고 피타고라스가 버럭 소리를 질렀습니다.

"멈추시오. 개를 그만 때리시오."

개 주인은 영문을 몰라 어리둥절하면서 따지듯 물었습니다.

"왜 남의 일에 상관하는 거요?"

"그 개에게는 내 친구의 영혼이 들어 있소."

피타고라스가 까닭을 말하자 개 주인이 다시 물었습니다.

"아니, 그걸 어떻게 안단 말이오?"

그러자 피타고라스는 이렇게 대답했습니다.

"아까 개가 짖는 소리를 듣고 나는 친구의 영혼을 알아보았다오."

피타고라스의 주장에 따르면, 인간의 영혼은 죄를 짓고 다른 세계에

서 온 것으로 지금은 육체라는 감옥에 갇혀 있다고 합니다. 이 감옥에서
풀려나 순수한 정신으로 다시 돌아가려면 그때까지 윤회를 거치면서
끊임없이 영혼을 정화해야 합니다. 그리고 이러한 정화의 과정에는 금
욕적인 생활은 물론, 감각세계에서 벗어나게 해주는 철학과 수학 그리
고 화음으로 인간의 정신을 조화롭게 해주는 음악이 필요합니다.

우주의 질서와 조화를 만들어내는 수학

피타고라스학파에서 수학을 중시한 까닭은 숫자가 영혼을 깨끗하게 정
화하는 수단이라고 믿었기 때문입니다. 피타고라스는 수가 만물의 근
원이자 우주의 원리이기에 인간의 영혼 역시 이 원리를 따라야 한다고
생각했습니다. 그는 이렇게 주장합니다.

> 위대하고 완숙하고 모든 작용을 다하며, 하늘과 인간의 삶의 근원이고
> 지도자이고 모든 것에 참여하는 것은 수의 힘이다. 이 수의 힘이 없으면
> 모든 것이 한계가 없고 불명확하며 불확실할 것이다.

피타고라스는 수에 의한 질서와 조화로 이루어진 우주처럼 인간의
영혼도 그렇게 형성되어야 한다고 생각했습니다. 그런데 육체의 감옥
에 갇힌 영혼이 감각과 욕망으로 인해 혼탁해지면 이러한 질서와 조화
를 잃어버립니다. 혼탁해진 영혼을 가진 육체는 죽음으로 끝나지 않고

다시 다른 육체로 옮겨갑니다. 이와
같이 인간의 영혼은 돌고 돌아 끊임
없이 윤회합니다.

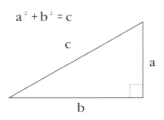

$$a^2 + b^2 = c$$

피타고라스 정리

그럼, 고통스런 윤회에서 벗어나려
면 어떻게 해야 할까요? 피타고라스
는 수학을 통한 정화의 과정을 거쳐
야 한다고 주장합니다. 수학을 통해 영혼이 잃어버린 질서와 조화를 되
찾을 수 있고, 그러면 윤회를 끝낼 수 있다는 거죠. 다음은 피타고라스
가 수를 얼마나 중시했는지 보여주는 이야기입니다.

피타고라스에게 사람들이 "친구란 무엇입니까?"라고 물었습니다. 그
러자 피타고라스는 "친구란 또 하나의 나 자신이라네. 숫자 220과 284
처럼 또 다른 나 자신 같은 그런 존재이지."라고 대답했다고 합니다. 대
체 이게 무슨 말일까요?

피타고라스가 말했던 숫자 220과 284는 신기하게도 다음과 같은 공
통점을 가지고 있었습니다. 220의 약수는 1, 2, 4, 5, 10, 11, 20, 22, 44,
55, 110인데 이것들의 합이 284입니다. 그리고 284의 약수는 1, 2, 4, 71,
142인데, 이것들의 합은 220입니다. 이런 기묘한 수의 조합을 발견하고
피타고라스가 친구를 220과 284 같은 존재라고 표현한 것입니다.

피타고라스학파가 수학에 남긴 위대한 공헌으로 그의 이름을 따서
지금까지 전해지는 것이 그 유명한 '피타고라스 정리'입니다. 피타고라

스 정리의 핵심은 직각삼각형에서 직각을 낀 두 변의 길이를 각각 a, b 라고 하고 빗변의 길이를 c라고 하면 $a^2 + b^2 = c^2$의 공식이 성립한다는 것입니다.

이 공식을 발견한 피타고라스는 너무나도 기쁜 나머지 황소 100마리를 신전에 바쳤다고 합니다. 그러나 고대 이집트와 바빌로니아에서도 이 원리를 사용한 흔적이 있는 것으로 보아 피타고라스가 가장 먼저 발견한 것 같지는 않습니다. 그럼에도 피타고라스가 최초로 공식화했기에 지금까지 이를 피타고라스 정리로 부르고 있습니다.

어느 날 피타고라스는 제자들과 함께 직각삼각형의 빗변의 길이를 계산하고 있었습니다. 그때 히파수스라는 제자가 제곱해서 2가 되는 수는 1. 42135623730950488.....으로 정수나 분수로 나타낼 수 없다는 사실을 발견합니다. 바로 오늘날의 무리수*를 처음으로 발견한 순간이었죠. 만물의 근원이 유리수라고 굳게 믿고 있던 피타고라스학파에게 이 발견은 이단이나 다름없는 경악할 만한 사건이었습니다. 피타고라스는 이 수를 '알로고스', 즉 '침묵의 수'라고 부르며 절대 외부에 알리지 말 것을 신신당부했습니다. 그러나 히파수스는 그 사실을 외부에 알리는 잘못을 저질렀습니다. 결국 배신자로 몰린 히파수스는 분노한 피타고라스학파 동료들에 의해 바다에 던져져 죽임을 당했

* 유리수가 아닌 실수로 순환하지 않는 무한 소수를 무리수라고 한다.

피타고라스 음계

다고 합니다.

피타고라스학파는 수를 우주의 질서와 조화를 만드는 만물의 원리라고 믿었습니다. 특히 숫자 10은 신성한 완전수로 보았습니다. 만물의 근본을 의미하는 자연수 1, 2, 3, 4의 합이 10이기 때문입니다. 피타고라스학파는 이 수들을 도형화한 모형이 완벽한 조화와 비례를 이루고 있다고여겨 이를 신성시했습니다. 수학의 원리에서 나오는 이러한 비례와 조화가 영혼을 정화시키고 불멸성을 가져다준다고 믿었던 것입니다.

더 나아가 피타고라스는 수학적 원리를 음악에도 적용시켰습니다. 그는 현악기에서 현의 길이를 절반으로 줄여 1:2가 되면 한 옥타브 음이, 3분의 2로 줄여 3:2가 되면 5도, 4분의 3으로 줄여 4:3이 되면 4도의 음정 차이가 난다는 사실을 발견했습니다. 또한 간단한 정수의 비를가질수록 어울리는 소리가 나는 반면 복잡할수록 어울리지 않는 소리가 난다는 사실도 발견했죠. 자연수 1, 2, 3, 4를 기반으로 아름답고 조화로운 음악이 만들어지는 원리를 찾아낸 것입니다. 이러한 원리로 계속 겹쳐 쌓으면 음계의 모든 음이 나오는데, 이를 한 옥타브 안으로 모은 것이 유명한 '피타고라스 음계'입니다. 수학적 원리에 바탕을 둔 음

바티칸 박물관의 피타고라스 흉상

악은 영혼을 정화하는 또 다른 수단이 됩니다. 음악의 화음 역시 비례와 조화로 만들어지기 때문입니다.

피타고라스는 매일 밤 제자들이 잠자리에 들기 전에 음악을 들려주었습니다. 낮 동안에 동요되었던 피곤한 영혼을 조용하고 차분한 멜로디로 진정시켜 그들의 영혼을 정화시키기 위해서였습니다.

온갖 지혜로운 일에 정통한 자

크로톤에 세운 종교공동체인 피타고라스학파의 세력이 점점 커지자 크로톤의 귀족들은 위기감을 느끼기 시작합니다. 어느 날 귀족 출신의 청년 킬론이 시민들을 선동하여 피타고라스 일파가 모여 있던 집에 불을 질렀습니다. 자격 미달로 피타고라스 교단에 들어가지 못한 킬론이 앙심을 품고 불을 질렀다는 설도 있고, 피타고라스 교단이 정치 세력화되는 것을 두려워하여 불을 질렀다는 설도 있습니다. 아무튼 집에 불이 붙자 피타고라스는 허둥지둥 도망쳤습니다. 그런데 공교롭게도 집 앞에 콩밭이 있었습니다. 콩을 혐오하며 멀리했던 피타고라스는 콩밭을 건너느니 차라리 집에 남아 있는 편이 더 낫다고 생각합니다. 결국 이 사건으로 피타고라스는 죽음을 맞이했다고 합니다. 또 다른 이야기로는 메타폰티온으로 도피하여 그곳에서 숨을 거두었다고도 합니다.

훗날 피타고라스학파의 사상은 비밀리에 전파되어 플라톤을 비롯한 여러 사상가들에게 영향을 미쳤습니다. 그 중에서 특히 헤라클레이토스는 피타고라스가 박식하지만 허튼소리만 했다며 평가절하한 반면, 엠페도클레스는 그를 '온갖 지혜로운 일에 정통한 자'라며 칭송했습니다.

한 줄로 읽는 피타고라스

- '수는 만물의 원리이자 우주의 원리'라고 주장했다.
- '지혜에 대한 사랑'을 뜻하는 철학이라는 용어를 처음으로 만들었다.
- 금욕주의적 신비주의 철학을 가르친 피타고라스학파를 결성했다.
- 육체의 감옥에서 순수한 정신으로 돌아가려면 윤회를 통해 정화해야 한다고 주장했다.
- '직각삼각형 빗변의 제곱은 나머지 두 변의 제곱과 같다'라는 피타고라스 정리로 유명하다.

같은 강물에 두 번 발 담글 수 없다

헤라클레이토스
Heraclitus BC540?~BC480?

"만물의 근원은 물이다."라고 주장한 밀레토스학파와 달리 헤라클레이토스는 만물의 근원이 불이라고 생각했습니다. 불은 타오르고 꺼지기를 반복하면서 영원히 살아 움직입니다. 우리가 살아가는 세상 역시 끊임없이 변하며 움직입니다. 이렇게 끊임없이 변하는 세상에 빗대어 헤라클레이토스는 "같은 강물에 두 번 발 담글 수 없다."라고 말했습니다. 같은 강물에 두 번 발을 담글 수 없는 것은 첫 번째 발을 담근 강물은 이미 흘러갔기 때문입니다. 유명한 이 격언에 담긴 숨은 뜻은 '영원히 흐르는 것이 만물의 본질'이라는 것입니다. 그래서 플라톤은 헤라클레이토스의 철학을 한 마디로 '판타 레이(panta rei)', 즉 '만물은 흐른다'라고 표현했습니다.

어두운 사람

헤라클레이토스는 기원전 540년경 고대 그리스의 식민도시 에페소스에서 태어났습니다. 그리스 서부 연안인 이오니아 지방은 무역으로 명성이 높은 곳이었습니다. 에페소스를 비롯한 인근의 여러 도시들은 그리스 본토, 이탈리아, 아프리카 등지와 다양한 물품을 서로 교역했습니다. 끊임없이 물자가 드나드는 에페소스의 환경이 어쩌면 생성과 움직임을 강조하는 헤라클레이토스 철학에 영향을 주었을지도 모릅니다.

헤라클레이토스는 에페소스의 명문가 출신으로 브로손 혹은 헤라콘의 아들로 태어났습니다. 그는 장남으로서 최고 사제직에 오를 자격이

헤라클레이토스가 태어난 에페소스

있었지요. 하지만 사제직에는 별 관심이 없어 동생에게 그 자리를 양보하고, 사람들을 떠나 홀로 철학적 탐구에 몰두했습니다. 하지만 일상에서는 귀족적 성향이 강한 탓에 오만하고 괴팍하여 무지한 세상 사람들을 경멸하는 말을 자주 내뱉곤 했습니다.

일반 대중의 감각과 오성은 무엇인가? 그들은 서툰 시인을 믿고 천박한 자를 스승으로 삼는다. 왜냐하면 그들은 세상에 악한 사람들은 많지만 착한 사람은 적다는 사실은 알지 못하기 때문이다.

페테르 루벤스, 〈데모크리토스와 헤라클레이토스〉

　헤라클레이토스는 세상 사람들을 혐오하는 괴팍한 인간으로 소문이
자자했습니다. 일례로 그는 친구인 헤르모도로스가 국외로 추방되자
"가장 쓸모 있는 인물을 내쫓은 에페소스의 성년들은 모두 목을 매고
죽어버려야 한다. 미성년자들이 정치를 하는 게 더 낫겠다."라고 독설
을 퍼부었습니다. 그런데 이렇게 기행을 일삼으면서도 깊이 사색하며
심오한 말을 했기 때문에 '스코테이노스(Skoteinós, 어두운 사람)'라는 별
명이 붙었다고 합니다. 다른 한편으로는 사제 자리를 동생에게 물려주
어 고매한 사람이란 평을 받기도 했습니다.

전해지는 바로는, 헤라클레이토스와 데모크리토스는 세상과 인간을 바라보는 관점이 정반대였다고 합니다. 에페소스 출신의 헤라클레이토스가 세상 사람들의 어리석음을 한탄했다면, 압데라 출신의 데모크리토스는 그들의 어리석음을 조롱했기 때문입니다. 그래서 두 사람은 '우는 헤라클레이토스'와 '웃는 데모크리토스'라는 서로 대조적인 모티브로 후대에 널리 알려졌습니다.

세네카*는 둘을 평가하는 글을 이렇게 남기기도 했습니다. '헤라클레이토스는 집을 나가서 주변에 수많은 이들이 비참한 삶을 살거나, 혹은 비참한 죽음을 맞는 것을 볼 때마다 울곤 했다. 그리고 즐겁고 행복한 이들을 만나면 마음이 불편해졌다. 그는 마음이 착하나 너무 약해 그 자신이 연민 받아야 마땅한 사람 중의 하나였다. 반면 데모크리토스는 공공의 장소에 나타날 때마다 늘 웃고 있었다고 한다. 사람들의 진지한 노력도 그는 별로 진지하게 여기지 않았다.'

몽테뉴**역시 '데모크리토스는 인간의 조건이 무상하고 어리석다고 생각하여 공공의 장소에 나설 때마다 조롱하며 비웃는 얼굴을 한 반면, 헤라클레이토스는 우리의 똑같은 조건에 연민과 동정을 했기에 영원히 슬픈 얼굴로 눈에 항상 눈물을 머금고 있었다.'라는 기록을 남겼습니다.

* 세네카(BC4?~65)는 고대 로마 제국에서 후기 스토아학파를 대표하는 철학자이자 저명한 정치인이다. 폭군이었던 로마 황제 네로의 스승으로도 유명하다.

** 몽테뉴(1533~1592)는 프랑스 르네상스 시대를 대표하는 철학자이자 문학자이다. 최초의 수필집으로 알려진 <수상록>을 남겼다.

헤라클레이토스 자신이 직접 저술한 작품으로는 아르테미스 신전에 바쳤다고 하는 〈자연에 대하여 On Nature〉가 있습니다. 그러나 오늘날에는 작품이 대부분 유실되어 몇몇 조각난 문장들만 전해지고 있습니다. 그의 글은 난해하고 심오하여 일반인들은 이해하기 힘들었죠. 다음은 그가 남긴 난해한 문장들입니다.

- 인생은 장기를 두면서 노는 아이, 왕국은 아이의 것이니.
- 죽음은 우리에게 아무것도 아니라는 믿음에 익숙해져라. 왜냐하면 모든 좋고 나쁨은 감각에 달려 있는데, 죽음은 감각의 상실이기 때문이다.
- 우주는 일정한 패턴으로 말한다.
- 영혼에게 있어 물이 된다는 것은 즐거움인 동시에 죽음이다.
- 그것은 변화의 급격함과 빠름에 의해서 흩어졌다 또다시 모이고 합쳐졌다 떨어지며, 다가왔다 멀어진다.
- 정신에 있어 죽음은 물이 되는 것이고, 물에 있어 죽음은 땅이 되는 것이다. 땅에서 물이 생기고 물에서 정신이 생긴다.
- 지혜는 이성을 인식하고, 만물을 지배할 줄 아는 한 가지에서 성립한다.

키케로는 헤라클레이토스가 일부러 난해한 글을 썼다고 주장했습니다. 소크라테스 역시 '그의 작품을 이해하려면 델로스의 잠수부 같은 인내심이 요구된다.'며 난해함에 혀를 내둘렀습니다.

만물은 흐른다

헤라클레이토스 철학의 핵심은 '만물은 흐른다'는 것입니다. 마치 타오르는 불처럼 세상이 끊임없이 변하고 움직인다는 것입니다.

> 이 세계는 신이 만든 것도 아니며 인간이 만든 것도 아니다. 이 세계는 불타오르기도 하고 꺼지기도 하는 영원히 살아 있는 불이었으며, 현재에도 그렇고 미래에도 그럴 것이다.

헤라클레이토스는 이처럼 영원히 타오르는 불의 변화과정을 '오르막길'과 '내리막길'로 나누어 설명합니다. 오르막의 길에서는 불이 건조해져 흙이 물로 바뀌고, 증발로 인해 다시 공기나 다른 것들이 만들어집니다. 한편 내리막의 길에서는 불이 짙어져 습한 물이 되고, 이것이 더욱 농축되어 흙으로 변합니다. 즉, 우주만물은 불로부터 만들어진 대립물들의 집합체인 것입니다. 헤라클레이토스는 이러한 관계를 "불은 공기의 죽음으로 살고, 공기는 불의 죽음으로 산다. 물은 흙의 죽음으로 살고, 흙은 물의 죽음으로 산다."고 적었습니다.

헤라클레이토스는 끊임없는 움직임, 즉 생성이 대립을 통해 이루어진다고 주장합니다. '활과 활줄이 서로 조화를 이루는 것과 같은, 서로 다투는 것들의 조화'를 통해 생성이 이루어진다는 것입니다. 대립은 생산적이고, 생명으로 가득 차 있으며, '투쟁은 만물의 아버지'입니다. 그래서 그는 "투쟁은 공통된 것이며, 투쟁이 정의이며, 모든 것은 투쟁과 필연에 따라서 생겨난다."라고 주장합니다.

그러나 끊임없이 움직이며 무질서하게 흘러가는 세상에도 질서와 조화가 존재합니다. 헤라클레이토스는 이러한 세상의 법칙을 로고스 (Logos)*로 불렀습니다. 그는 로고스의 상징이 불이라고 주장합니다. 불이 타오르고 꺼지기를 반복하는 영원한 회귀는 우주의 섭리이자 신의 법칙입니다. 따라서 세상 만물은 이 로고스의 지배를 받습니다. 로고스에 따라 만물은 서로 대립하고 투쟁하는 한편 질서와 조화를 이루며 근원에서 태어나고 다시 돌아가는 순환을 반복하는 것입니다. 그는 로고스에 대해 이렇게 설명하고 있습니다.

> 만물은 나눌 수 있고 나눌 수 없으며, 태어나는 것이고 태어나지 않는 것이며, 죽음이 가능한 것이고 결코 죽지 않는 것이다. 이와 같이 로고스는 영원한 것이고, 아버지는 아들이며, 신은 정의다. 나한테 귀를 기울이지 말고 로고스에 귀를 기울여 '만물은 하나다.'라는 데 동의하는 것이 지혜롭다.

* 고대 그리스에서는 원래 '언어(말)'을 의미하는 단어였다. 일상적인 언어에서 차츰 이성, 사상, 정신 등의 의미로 사용되다가 나중에 세상을 지배하는 법칙을 뜻하게 되었다. 일시적인 정열이나 충동을 뜻하는 파토스(pathos)와 대립되는 개념이다.

헤라클레이토스는 흔히 '불의 철학자'로 알려져 있습니다. 만물을 생겨나게 하는 원리가 로고스인데, 이런 로고스의 이미지를 불로 표현했기 때문입니다. 그가 말하는 불은 만물을 움직이게 하는 힘이자 원동력이며 만물의 근원입니다. 각각의 사물들은 생성과 소멸을 반복하며 끊임없이 변화하지만 이 모든 것을 관장하는 로고스는 '영원히 꺼지지 않는 살아 있는 불'입니다.

기도하는 헤라클레이토스

말년에 이르러 헤라클레이토스는 세상을 등지고 산속에서 은둔생활을 했습니다. 그러다 온 몸이 부풀어 오르는 수종증에 걸려 도시로 돌아옵니다. 그런데 홍수를 가뭄으로 바꿀 수 있냐는 질문에 의사들이 대답을 못하자 치료를 거부합니다. 그는 소똥을 몸에 발라 햇볕에 말리는 치료법으로 자신의 병을 치료하려 했습니다. 그는 자기 몸에 소똥을 덕지덕지 바른 후 태양을 향해 몸을 눕혔습니다. 하지만 이 지저분한 치료법은 그의 병을 더욱 악화시켰습니다. 다음날 그는 60세의 나이로 세상을 떠나 아고라에 묻혔습니다.

헤라클레이토스의 죽음과 관련하여 또 다른 일화도 전해지고 있습니다. 어느 날 헤라클레이토스는 몸에 소똥을 바르고 햇볕에 잘 드는 곳에 누워 있었습니다. 그때 소똥 냄새를 맡고 개들이 몰려들었습니다. 개들은 소똥이 묻어 있는 그를 보고 먹잇감으로 착각했습니다.

즉, 개들이 그의 몸을 뜯어먹는 바람에 비극적인 죽음을 맞이했다는 것입니다.

헤라클레이토스는 "변하지 않는 것이 있다면 바로 모든 것이 변한다는 사실 그 자체뿐이다."라고 말했습니다. 변화와 투쟁을 강조한 그의 철학의 핵심이 이 한 마디에 담겨 있습니다. 훗날 독일의 철학자 헤겔이 헤라클레이토스를 두고 변화와 발전의 법칙인 변증법의 시조로 칭송한 것도 이 때문입니다.

한 줄로 읽는 헤라클레이토스

- 만물의 근원은 불이며, 영원히 흐르는 것이 만물의 본질이라고 주장했다.
- 세상을 바라보는 관점이 서로 대조적인 '우는 헤라클레이토스'와 '웃는 데모크리토스'로 널리 알려져 있다.
- 끊임없이 변화하는 만물은 세상의 법칙인 로고스의 지배를 받는다고 주장했다.
- 만물은 서로 대립하고 투쟁하지만 로고스에 의해 질서와 조화를 이룬다고 설명했다.

인간은 만물의 척도다

프로타고라스

Protagoras BC485?~BC414?

프로타고라스는 "인간은 만물의 척도다."라는 유명한 한 마디를 남겼습니다. 인간이 곧 만물의 기준이자 만물을 재는 잣대라는 뜻이지요. 하지만 여기서 말하는 인간은 보편적인 인간, 즉 세상의 모든 인간이 만물의 기준이라는 의미가 아닙니다. 오히려 그 반대로 개별적인 인간이 만물의 기준이라는 의미입니다. 그렇다면 어떻게 이런 해석이 가능할까요?

최고 시속 50킬로미터로 달리는 자동차가 있다고 가정해 보죠. 시골에서 단 한 번도 자동차를 보지 못한 사람은 그 자동차가 무척 빠르게 움직인다고 생각하겠지만 도시에서 자란 사람은 답답할 정도로 느리게 움직인다고 생각할 것입니다. 각각의 인간이 바라보는 관점에 따라 세상은 다르게 보입니다. 동일한 대상일지라도 그것을 받아들이는 인간이 누구냐에 따라 진리의 기준이 바뀌는 것이지요. 같은 날씨인데도 덥다고 하는 사람이 있는가 하면 춥다고 하는 사람이 있고, 또한 같은 거리인데도 가깝다고 하는 사람이 있는가 하면 멀다고 하는 사람이 있습니다. 프로타고라스가 주장하는 '인간'은 바로 이러한 개개의 인간입니다.

우리 인간은 감각기관을 통해 대상을 인식합니다. 하지만 대상에 반응하는 감각은 사람마다 차이가 납니다. 빨간 사과도 색맹인 사람에게는 파랗게 보이는 것처럼 말입니다. 개개의 인간은 저마다 다른 주관적인 감각을 통해 대상을 인식합니다. 따라서 감각을 통해 인식하는 대상은 주관적이고 상대적일 수밖에 없습니다. 프로타고라스는 세상의 모든 진리도 이처럼 상대적이라고 주장합니다. 서로 다른 개개의 인간이 모든 진리의 기준이기에 인간이 곧 만물의 척도라는 것입니다.

지식을 파는 소피스트

프로타고라스는 최초의 소피스트로 알려져 있습니다. 고대 그리스에서 '지혜로운 사람'을 뜻하는 소피스트가 등장한 것은 기원전 5세기경이 었습니다. 그 무렵 그리스는 세 차례에 걸쳐 강력한 페르시아 제국으로 부터 공격을 받았습니다. 그러자 그리스의 도시국가들은 아테네를 중심으로 동맹을 맺어 페르시아를 물리칩니다. 전쟁에서 승리한 이후 아테네는 그리스에서 경제와 문화의 중심지로 급부상했으며, 정치적으로도 시민들이 참여하는 직접 민주주의의 대표주자가 되었습니다.

그리스 민주주의 전성기였던 이 시기에 아테네에서는 시민들이 직접 참여하는 민회*를 통해 국가의 주요 사안들을 결정했습니다. 민회에서는 저명한 시민들이 주요 사안들을 제안합니다. 서로 다른 의견이 제기되면 논쟁을 벌인 다음 투표를 통해 찬성과 반대를 결정합니다. 고위 관리와 장군들을 선출하거나 법적인 문제로 소송을 다툴 때에도 동일한 과정을 거쳤습니다. 그런데 국가적으로 중요한 사안을 다수결로 결정하는 민

* 고대 그리스와 로마 시대에 여러 도시에서 개최된 시민총회. 시민들이 참여하는 민회에서는 전쟁이나 정치 문제 등 주요 정책들을 다수결 원리로 투표를 통해 결정했다. 여자와 노예, 외국인에게는 투표권이 없었다.

민회가 열렸던 아테네의 프닉스 언덕

주제에서는 설득의 기술이 무척 중요했습니다. 누구든 정책을 입안하거나 소송을 진행하려면 다른 시민들을 설득해야 본인에게 유리한 결과를 얻을 수 있었기 때문입니다. 아테네에서는 변론을 잘 하는 것이 곧 출세의 지름길이었습니다.

당연히 출세를 꿈꾸는 사람들은 변론을 배우고 싶어 했습니다. 그러자 그들의 욕구에 부응하여 수사학과 웅변술 같은 말재주를 가르치는 전문가 집단이 등장합니다. 그들이 바로 소피스트입니다.

소피스트들은 이 도시 저 도시를 돌아다니면서 돈을 받고 개인지도를 하거나 학원을 열어 사람들을 가르쳤습니다. 프로타고라스의 경우,

'어떻게 하면 자신의 가정을 경영하는 일과 공적인 일에 있어서 최고가 되는가, 또 어떻게 하면 정치적 논쟁과 실천에서의 성공을 위하여 자신의 능력을 최대한 발휘할 수 있는가'를 가르쳤다고 합니다. 출세를 원하는 이들에게 논쟁에서 이기는 기술을 가르친 것입니다.

심지어 이치에 맞지 않더라도 소피스트들은 상대방의 주장을 반박하거나 제압하기 위해 무작정 자기주장을 정당화하려 했습니다. 보편적인 진리나 정의보다 어떻게든 논쟁에서 이기는 것이 더 중요했습니다. 소피스트들이 궤변론자로 불린 것도 이 때문입니다. 소피스트의 궤변과 관련해서 프로타고라스의 유명한 일화가 전해져 옵니다.

에우아틀로스라는 청년이 프로타고라스에게 변론을 배우기로 했습니다. 그런데 프로타고라스의 수업료가 비싸기로 소문난 탓에 그는 어떻게든 수업료를 내지 않으려 했습니다. 그래서 그는 첫 소송에서 이기게 되면 스승으로부터 올바른 가르침을 받았다는 것이 입증될 테니 그때 수업료를 내겠다고 합니다. 프로타고라스는 청년의 말을 곧이곧대로 믿고 가르침을 마친 후 수업료를 요구했습니다. 하지만 청년은 수업료가 비싸다는 이유로 스승을 법정에 고소하며 이렇게 주장했습니다.

"제가 이 소송에서 이기면 당연히 수업료를 낼 필요가 없는 것이고, 소송에서 지면 스승님의 가르침이 잘못된 것이니 그 또한 수업료를 낼 필요가 없습니다."

그러자 프로타고라스는 변론의 대가답게 바로 맞받아쳤습니다.

"에우아틀로스여, 자네가 이 소송에 진다면 당연히 수업료를 내야 하는 것이고, 소송에서 이기면 나의 가르침을 제대로 받았으니 그 또한 수업료를 내야 할 걸세."

두 사람 중에서 누구의 주장이 옳을까요? 수업료를 두고 스승과 제자는 정반대의 주장을 펼치고 있지만 각자의 논리가 모두 옳은 것처럼 느껴지지 않나요? 스승의 말을 들으면 스승의 말이 옳은 것 같고, 제자의 말을 들으면 제자의 말이 옳은 것 같지요. 이것은 두 사람 모두 자기주장이 논리적으로 맞는 것처럼 그럴듯하게 포장하고 있기 때문이랍니다. 여기에서 절대적인 진리는 존재하지 않습니다. 이렇듯 절대적이거나 보편적인 진리와 상관없이 오로지 논쟁에서 상대방을 이기기 위해 각자에게 유리한 논리를 진리라고 주장하는 것이 바로 '궤변'입니다.

프로타고라스처럼 아테네에서 소피스트로 활동한 사상가로는 고르기아스, 프로디코스, 히피아스, 트라시마코스 등이 있습니다. 프로타고라스와 쌍벽을 이루는 대표적인 소피스트이자 탁월한 웅변가였던 고르기아스는 상대주의를 넘어 선 극단적인 회의주의자였습니다. 그는 "아무것도 존재하지 않는다. 설령 존재한다 하더라도 우리는 그것을 알 수 없다. 그리고 설령 우리가 그것을 안다고 하더라도 그것을 남에게 전달할 수 없다."라는 논리로 모든 존재를 부정했습니다.

트라시마코스는 "정의란 강자의 이익이다."라고 주장했습니다. 현실적으로 모든 국가에서는 더 강한 자가 통치자가 되는데, 그 통치자가 자신에게 이득이 되는 법을 제정하면 그 법을 따르는 것은 정의가 되고 따르지 않는 것은 불의가 된다는 것입니다. 그는 도덕이 아닌 권력을 정의의 기준으로 삼았습니다.

소피스트는 이 세상에 절대적인 것은 아무것도 없으며 단지 내게 그렇게 보일 뿐이라고 주장합니다. 객관적인 진리와 가치를 인정하지 않으며, 나아가 사회적 질서를 유지시켜 주는 법과 도덕까지 거부합니다. 그들의 극단적인 개인주의와 상대주의는 도덕적인 타락을 부추기는 것처럼 보였습니다. 특히 장사꾼처럼 돈으로 지식을 파는 그들의 행위는 혹독한 비난을 피할 수 없었죠. 예컨대 플라톤은 '부유하고 뛰어난 젊은 사람들을 돈을 받고 낚는 사냥꾼'이라고, 또 아리스토텔레스는 '피상적인 지혜를 논하여 돈을 벌려고 하는 사람'이라고 일침을 놓았습니다.

그렇다고 소피스트가 부정적인 평가만 받는 것은 아닙니다. 그들 덕분에 비로소 철학의 중심이 자연에서 인간으로 이동했기 때문입니다. 소피스트 등장 이전의 초기 그리스 철학자들은 만물의 궁극적인 원리를 탐구했습니다. 그들이 관심을 기울인 대상은 우주와 자연이었습니다. 하지만 소피스트는 절대불변하는 우주의 원리보다 개별적인 인간의 경험에 더 주목했습니다. 인간 존재를 사유하는 철학의 시발점이 바로 그들이었습니다. 수사학과 웅변술을 가르쳤던 소피스트는 언어 문

살바토르 로사, 〈데모크리토스와 프로타고라스〉

법과 언어 논리의 발전에도 많은 기여를 했습니다.

상대주의자 프로타고라스

프로타고라스는 기원전 5세기경 고대 그리스의 북부지방인 트라키아의 압데라에서 태어났습니다. 고대 그리스인들이 '바보들의 도시'로 부르던 압데라는 원자론을 주장한 철학자 데모크리토스*의 고향이기도 합니다. 그리스 여러 도시를 돌아다니며 소피스트 생활을 했던 프로타고라스는 사교와 변론에 뛰어났다고 알려져 있지만 그가 직접 저술한 작품은 변변히 전해지는 것이 없습니다. 플라톤과 그의 제자들이 남긴 기록에 프로타고라스와 관련된 내용이 일부 남아 있을 뿐이지요. 그나마 플라톤의 대화편에 등장하는 인물로 추측컨대, 소크라테스 못지않게 대화술과 변론에 능했던 것으로 보입니다.

프로타고라스의 주요 사상은 객관적이고 보편적인 진리는 존재하지 않는다는 것입니다. 그는 "나에게는 개별적인 사물들이 나에게 나타나는 그대로이고, 너에게는 너에게 나타나는 그대로이다."라고 주장했습니다. 인간은 각자의 관점으로 세상을 바라보고 해석합니다. 따라서 인간의 진리는 주관적이고 상대적이며, 오직 인간만이 세상의 척도가 되고, 그 기준이 되는 것입니다.

* 데모크리토스(BC470~BC399)는 고대 원자론을 창시한 레우키포스의 사상을 이어받아 이를 체계적으로 완성시켰다. 세상만물의 구성원리를 더 이상 쪼갤 수 없는 원자로 설명함으로써 '최초로 기계론적 원자론'을 완성한 인물로 평가받고 있다.

프로타고라스는 신의 존재 여부에 대해서도 상대주의적 입장에 따라 '신의 본질은 알 수 없다'는 불가지론*을 옹호했습니다.

"나는 신들이 존재하는지 아닌지, 그리고 그들이 어떻게 생겼는지 알 수 없다. 그런 것들을 알려고 하기에는 너무나 장애가 많다. 그리고 신들은 파악 불가능하며, 그러한 문제를 풀기에 인생이 너무 짧다."

그러자 아테네 시민들은 프로타고라스의 이 주장을 신의 존재를 부정하는 것으로 받아들였습니다. 분노한 시민들은 신성모독 죄로 그를 고발했습니다. 프로타고라스는 사형 선고를 받았으며, 그의 책들은 시장에서 불태워졌다고 합니다. 그 후 아테네를 탈출하여 시칠리아 섬으로 향하다가 익사했다는 주장도 있고, 90세까지 살다가 고령으로 세상을 떠났다는 주장도 있습니다.

한 줄로 읽는 프로타고라스

- 개별 인간에 따라 진리의 기준이 달라진다는 의미로 '인간은 만물의 척도'라고 말했다.
- 출세를 원하는 젊은이들에게 지식을 파는 최초의 소피스트였다.
- 객관적이고 보편적인 진리를 부정하고 모든 게 상대적이라고 주장했다.
- '신의 본질은 알 수 없다'는 불가지론을 옹호했다.

음미되지 않는 삶은 가치가 없다

———

소크라테스
Socrates BC469?~BC399

'이 세상에 소크라테스보다 현명한 사람이 있는가?'

소크라테스의 친구인 카이레폰이 델포이 신전*의 사제에게 부탁한 신탁입니다. 신탁의 답은 '없다'였습니다. 그런데 공교롭게도 델포이 신전의 기둥에 새겨진 글귀가 그 유명한 '너 자신을 알라'라는 격언입니다.

소크라테스는 자신이 결코 현명하지 않다고 생각했기 때문에 신탁이 무엇을 의미하는지 알고 싶었습니다. 그는 아테네에서 현명하다고 소문난 사람들을 일일이 찾아가 질문을 던졌습니다. 그러나 어느 누구도 그의 질문에 정확히 답하는 사람이 없었습니다. 여기서 소크라테스는 하나의 깨달음을 얻게 됩니다. 현명해지려면 먼저 자신이 무지하다는 사실부터 알아야 한다는 것입니다. 그리고 이것이 신탁의 진정한 의미였습니다. 역설적이게도 소크라테스는 이러한 '무지의 자각'으로 세상에서 가장 현명한 사람이자 철학하는 사람의 본보기가 될 수 있었습니다.

'아무것도 모른다'는 태도는 단순히 많은 지식을 얻는 것이 철학하는 태도가 아님을 시사합니다. 서로 지혜롭다고 뽐내봤자 상대적인 지식일 뿐입니다. 편견과 독선으로 물든 거짓 진리의 장막을 걷어내고 절대적이고 객관적인 진리를 탐구하는 것이 철학자의 올바른 삶의 태도입니다.

* 기원전 6세기 무렵부터 아폴론의 신탁을 듣던 신전이다. 고대 그리스인들은 델포이를 세계의 중심으로 생각했다. 그래서 그곳에 '세상의 배꼽'이라는 뜻을 가진 옴팔로스라는 돌을 세웠다. 델포이 신전은 고대 그리스의 통일과 종교의 상징이다.

나는 자신이 아무것도 모른다는 것을 알고 있다

소크라테스는 기원전 470년경 그리스 아테네에서 태어났습니다. 아버지는 석공이었고 어머니는 유명한 산파로 알려져 있습니다. 소크라테스는 태어날 때부터 못생긴 얼굴로 유명했습니다. 그의 조각상을 보면 툭 튀어나온 눈에 두터운 입술과 뭉툭한 코를 가진 볼품없는 외모에다 땅딸막하고 배불뚝이인 추남으로 묘사되어 있습니다. 그러나 한겨울에도 얇은 외투를 걸치고 맨발로 다녀도 거뜬할 정도로 타고난 건강 체질의 소유자였습니다.

젊은 시절 소크라테스는 수차례 전쟁에 참여했습니다. 아테네 군대 시스템은 필요한 장비를 병사 스스로 구입하여 전쟁에 참여하는 방식이었습니다. 부유층은 말을 구입하여 기병으로, 중산층은 갑옷과 투구를 구입하여 중장갑 보병으로, 빈곤층은 돌팔매질하는 병사로 전쟁에 참여했습니다. 중장갑 보병으로 참전한 소크라테스는 경제적으로 중산층에 속했던 것으로 보입니다. 전쟁터에서 소크라테스는 매우 용감한 병사였습니다. 포티다에아 전투에서는 부상당한 전우를 구출해냈으며, 일리온 전투에서는 병사들이 모두 도망친 후에도 홀로 남아 장군과 함께 의연하게 걸어갔다고 합니다.

그러나 델포이의 신탁을 접하고 나서 소크라테스는 출세나 돈벌이를 위한 직업에 연연하지 않고, 사람들의 무지를 깨우치는 데 일생을 걸었습니다. 소크라테스는 시장이나 경기장을 돌아다니며 온종일 사람들

페리클레스

과 대화를 나누었습니다. 악처로 소문난 소크라테스의 아내 크산티페는 이러한 남편의 처신을 몹시 못마땅해 했습니다.

어느 날 소크라테스가 집에서 제자들과 대화를 나누고 있었습니다. 그때 크산티페가 나타나 한바탕 바가지를 긁습니다. 소크라테스는 아내의 잔소리를 듣는 둥 마는 둥 했죠. 그러자 크산티페는 고래고래 욕을 퍼부으며 그에게 물을 끼얹었습니다. 그럼에도 소크라테스는 "천둥이 친 다음에는 소나기가 오는 법이지!"라고 태연히 말했습니다. 또 누군가 아내의 잔소리를 어떻게 잘 참아낼 수 있느냐고 묻자 소크라테스는 "물레방아 돌아가는 소리도 귀에 익으면 괴로울 것이 없다오."라고 대답했다고 합니다.

소크라테스가 활동하던 당시의 아테네는 위대한 정치가 페리클레스*의 통치로 민주정치가 활짝 꽃핀 황금기를 구가하던 시절이었습니다.

* 페리클레스(BC495~BC429)는 고대 그리스 아테네의 정치가, 웅변가, 장군이다. 그리스-페르시아 전쟁과 펠로폰네소스 전쟁 사이에 아테네의 지도자로 아테네 민주정치의 전성기를 이끌었다.

다. 민주정치에서는 토론과 대화가 국가 정책이나 재판에 큰 영향을 미쳤습니다. 국가의 중요한 사안들은 시민들이 참여하는 민회에서 결정되었습니다. 민회가 열리는 장소는 아고라였습니다. 아고라는 시장의 역할도 하고 있었기 때문에 늘 사람들로 북적거렸습니다. 민회에서 정책을 입안하려면 아고라에 모인 시민들을 설득해야 했습니다. 아테네의 법정도 마찬가지였습니다. 재판에서 이기려면 고소한 당사자와 피고인 모두 직접 출두하여 스스로를 변론하며 사람들의 지지를 얻어야 했습니다.

그러므로 아테네에서 성공하려면 설득력 있게 말하는 기술이 무엇보다 중요했습니다. 이 기술을 직업적으로 가르치는 이들이 바로 소피스트입니다. 소피스트는 지혜로운 자를 자처했지만 지식을 전수하고 그 대가를 받는 사람들이었습니다. 많은 아테네 시민들이 소피스트에게 비싼 돈을 주고 웅변술을 배웠습니다. 상대방의 말을 반박하거나 제압하는 것이 출세의 지름길이었기 때문입니다. 소피스트는 궤변가로 불릴 정도로 진리를 추구하기보다 상대방을 말로 이길 수 있는 기술적인 수사학에 더 치중했습니다. 그러나 소크라테스는 소피스트와 달리 스스로 '무지한 자'로 부르며, "나는 자신이 아무것도 모른다는 것을 알고 있다. 그래서 지혜를 추구한다."라고 주장합니다. 소크라테스가 금전적인 대가를 받고 지식을 가르치지 않았다는 점도 소피스트와는 결을 달리 하는 것이었습니다.

스스로 지혜를 낳게 도와주는 산파

소크라테스의 가르침은 대화를 통해 스스로 깨닫게 하는 것이었습니다. 그는 용기, 올바름, 참된 앎과 같은 진리를 알고 있다고 확신하는 사람들에게 그것을 정의해 달라고 부탁하며 계속 질문했습니다. 일단 소크라테스의 질문을 받은 사람들은 그 질문을 받을수록 스스로 논리적인 모순에 부딪쳐 결국 알고 있다는 자신의 믿음이 잘못된 것임을 깨달아 갑니다. 상대방에게 질문을 던져 스스로 무지를 깨닫고 지혜를 터득하게 하는 이러한 방식을 흔히 '산파술'이라고 합니다. 일설에는 소크라테스의 어머니가 산파였기 때문에 이런 명칭이 붙었다고 합니다. 산파는 산모가 아이를 잘 낳을 수 있도록 곁에서 도움을 줄 뿐이지 자신이 직접 아이를 낳지 않습니다. 마찬가지로 소크라테스는 지혜를 직접 가르쳐주는 것이 아니라 대화를 통해 상대방이 스스로 깨달음을 얻을 수 있도록 도움을 주었습니다. 그는 사람들에게 쉼 없이 질문을 했기 때문에 스스로를 빗대어 '아테네라는 혈통 좋은 말이 졸지 않도록 끊임없이 깨물어대는 등에'라고 표현하기도 했습니다.

소크라테스는 이러한 대화를 통해 무지를 깨달아야 진리를 발견할 수 있으며, '아는 것이 곧 선한 것'이라고 주장했습니다. 그는 악의 원인이 인간의 무지에 있다고 생각했습니다. 그가 "아는 자는 악한 행위를 할 수 없고 무지한 자는 선을 행할 수 없다."고 말한 것도 그 때문입니다.

아테네에서 소크라테스는 점점 유명해졌습니다. 아테네의 젊은이들은 물론 그리스의 다른 도시 출신의 젊은이들도 그를 찾아와 제자가 되었습니다. 그는 아고라를 돌아다니며 청년들과 철학적인 대화를 나누었습니다. 훗날 장군이자 문필가로 명성을 얻은 젊은 크세노폰*도 아고라에서 소크라테스를 만나 그의 제자가 되었고, 젊은 플라톤도 그를 만나 열정적으로 배움을 구했습니다. 그러나 권력자들은 소크라테스를 위험 인물로 보기 시작했습니다. 그의 가르침이 젊은이들에게 권력자들을 비판할 수 있는 능력을 키워주었기 때문입니다.

결국 기원전 399년에 소크라테스는 '국가가 신봉하는 신을 믿지 않고, 청년들을 타락시킨다'는 죄목으로 고소를 당합니다. 소크라테스는 재판 과정에서 만약 철학을 포기하면 석방해 주겠다는 조건으로 아테네 법관들로부터 회유를 받습니다. 이에 소크라테스는 "음미되지 않는 삶은 가치가 없다."라고 대답합니다. 고소인들이 원한 것은 재판에서 소크라테스가 당황하여 쩔쩔매면서 자신의 행위를 속죄하는 모습이었습니다. 그러나 소크라테스는 당당하게 무죄를 주장합니다. 배심원들은 그의 이러한 태도에 오히려 반감을 느꼈습니다. 그들은 유죄를 주장하며 사형을 선고합니다. 이때 소크라테스는 부당한 사형선고에도 불구하고 전혀 동요하는 기색을 보이지 않으며 최후 변론에 나섭니다.

* 크세노폰(BC430~BC354)은 고대 그리스의 사상가이자 역사가이며 소크라테스의 제자이다. 기원전 4세기 무렵 고대 그리스의 역사와 생활사 그리고 소크라테스의 삶을 기록한 것으로 유명하다. 주요 작품으로 <아나바시스>, <헬레니카>, <소크라테스의 회상>, <키로파에디아> 등이 있다.

아테네의 시민들이여, 죽음이 무엇인지 알고 있소? 흔히 말하듯, 죽음이 아무것도 없는 곳으로 사라져버리는 것이라든가, 영혼이 다른 곳

자크 루이 다비드, 〈소크라테스의 죽음〉

으로 옮겨가는 것이라고 생각합시다. 죽음이 아무것도 없는 곳으로 사라

지는 것이라 칩시다. 고통도 없고 괴로움도 없을 테니 죽음보다 좋은 일

이 어디 있겠소? …… 자, 이제 시간이 다 됐소. 나는 죽기 위하여, 여러분

은 살기 위하여 떠나야 합니다. 그러나 우리 중 누가 더 좋은 곳으로 가

는지는 신만이 아실 것입니다.

소크라테스가 감옥에서 죽음을 기다릴 때 부유한 친구인 크리톤이

그를 찾아와 외국으로 도주할 것을 권유합니다. 크리톤은 이미 뇌물을

건네 간수까지 매수해 둔 상황이었습니다. 그러나 소크라테스는 그의

제안을 단호히 거부합니다. 그는 하루를 살아도 올바르게 사는 것이

중요하다고 믿었습니다. 소크라테스가 도주하지 않고 사형을 선택한 것은 자신이 지키기로 동의한 법을 스스로 어길 수 없었기 때문입니다. 그는 의연하게 죽음을 선택하여 자신의 신념대로 독약을 들이켰습니다. 숨을 거두기 직전 그는 크리톤에게 유언으로 다음 한 마디를 남겼습니다.

"오오 크리톤, 아스클레피오스에게 내가 닭 한 마리를 빚진 것이 있네. 기억해 두었다가 갚아주게."

한 줄로 읽는 소크라테스
- 절대적이고 객관적인 진리 탐구의 첫 걸음이 '무지의 자각'임을 밝혔다.
- 산파술을 이용하여 사람들이 스스로 무지를 깨닫고 지혜를 추구할 수 있도록 도움을 주었다.
- 아는 자는 악한 행위를 할 수 없고 무지한 자는 선한 행위를 할 수 없다고 주장했다.
- 부당한 사형 선고에도 불구하고 자신이 동의한 법을 지키고자 죽음을 선택했다.

아름다운 사물이 아름답게 되는 것은 미 때문이다

플라톤
Plato BC427~BC347

로마 바티칸에 소장되어 있는 〈아테네 학당〉은 라파엘로가 그린 그림 중 가장 유명한 르네상스 미술의 걸작입니다. 이 웅장한 프레스코 벽화에는 모두 54명의 철학자와 수학자와 천문학자들이 다양한 모습으로 묘사되어 있는데, 마치 주인공처럼 한가운데에 등장하는 인물이 바로 플라톤과 아리스토텔레스입니다. 플라톤은 자신의 대화편 〈티마이오스〉를 옆구리에 끼고 손가락으로 하늘을 가리키고 있고, 아리스토텔레스는 자신의 저서 〈윤리학〉을 허벅지에 받치고 손가락으로 지상을 가리키고 있습니다. 마치 플라톤은 자기 철학의 핵심인 이데아를 설명하는 듯하고, 아리스토텔레스는 이데아를 비판하며 현실 세계의 중요성을 알려주는 듯합니다.

이처럼 아리스토텔레스와 함께 〈아테네 학당〉의 중앙에 위치한 플라톤은 소크라테스 철학을 집대성하고 관념론을 창시한 철학자로 널리 알려져 있습니다. 영국의 철학자 화이트헤드*는 "서양의 2천 년 철학은 모두 플라톤의 각주에 불과하다."고 평했고, 시인 에머슨**은 "철학은 플라톤이고, 플라톤은 철학."이라 평했을 정도로 후대의 서양 철학에 지대한 영향을 미친 이가 바로 플라톤입니다.

★ 화이트헤드(1861~1947)는 '20세기의 데카르트'로 불렸던 현대 철학의 거장이다. 과학을 철학에 끌어들여 '과정철학'이라는 독특한 우주론을 펼쳤다.

★★ 에머슨(1803~1882)은 19세기에 범신론적 초월주의 철학 사조를 발전시킨 미국의 철학자이자 시인이다. 매사추세츠 주 콩코드에서 저술 활동을 하여 '콩코드의 철학자'로 불린 에머슨은 개인주의 철학을 전파하며 남녀평등과 노예제 폐지를 주장하여 미국 사상사에 큰 영향을 미쳤다.

소크라테스와의 결정적 만남

플라톤은 기원전 427년에 아테네의 명문가에서 태어나 귀족 가문에 어울리는 교육을 받았습니다. 아버지는 아테네의 마지막 왕 코드로스의 후손이었으며, 어머니는 아테네의 위대한 정치가이자 입법자였던 솔론의 동생 드로피에스의 후손이었습니다. 또한 외삼촌 크리티아스는 막강한 권력을 휘두르던 30인 참주의 일원이었고, 아버지 사망 후 어머니와 재혼한 퓌릴람페스는 당대의 최고 통치자 페리클레스와 친분이 두터운 명사였습니다. 어린 시절 플라톤은 디오니시우스에게서 읽기와 쓰기, 클라튜로스에게서 철학, 아리스톤에게서 체육을 배웠습니다. 플라톤의 본명은 원래 아리스토클레스였으나 넓은 어깨 때문에 '넓다'를

라파엘로의 〈아테네 학당〉. 벽화 중앙에 플라톤과 아리스토텔레스가 있다.

뜻하는 플라톤으로 불리게 되었다고 합니다. 플라톤은 레슬링 대회에 참가할 정도로 강인한 육체를 가졌을 뿐 아니라 빼어난 문장력으로 문학에도 남다른 재능을 보였습니다. 그러나 청년 플라톤의 꿈은 가문의 명성을 잇는 훌륭한 정치가가 되는 것이었습니다.

그러던 어느 날 비극 경연대회에 참가하기 위해 디오니소스 극장 앞을 지나다가 우연히 소크라테스의 강연을 듣게 됩니다. 이것이 바로 플라톤의 인생에서 커다란 전환점이 되는 결정적 만남입니다. 소크라테스의 강연에 깊은 감명을 받은 플라톤은 그 동안 자신이 쓴 비극을 죄다 불태워버리고 소크라테스를 따르기로 결심합니다. 그 후 8년 동안 플라톤은 소크라테스를 추종하며 철학을 배웁니다. 그 와중에 존경하던 스승 소크라테스는 '젊은이를 타락시키고 신을 모욕했다'는 혐의로 사형 판결을 받습니다. 플라톤은 소크라테스의 부당한 죽음에 큰 충격을 받았으며, 다수결의 횡포로 스승에게 사형을 선고한 민주주의 제도에 반감을 갖게 됩니다.

소크라테스의 죽음 이후 플라톤은 아테네를 떠나 3년 동안 이탈리아, 시칠리아, 이집트 등지를 두루 여행하면서 집필 활동을 합니다. 시칠리아를 방문했을 때에는 시라쿠사의 참주 디오니시우스 1세의 초빙을 받았습니다. 플라톤은 디오니시우스 1세를 설득하여 이상국가 건설을 꿈꾸지만 그는 도덕적인 통치자가 아니라 향락을 즐기는 독재자일 뿐이었습니다. 디오니시우스 1세의 이런 태도에 실망한 플라톤은 아테네로 돌아가려 했으나 아테네와 전쟁을 벌이던 아이기나섬에서 노예로 팔려가는 신세가 됩니다. 그때 소크라테스학파의 일원이었던 아니케리스의 도움으로 간신히 노예 신분에서 벗어납니다.

플라톤의 아카데미아

아테네로 돌아온 플라톤은 아니케리스에게 돈으로 은혜를 갚으려 합니다. 하지만 아니케리스는 그 보답을 거절합니다. 그러자 플라톤은 그 돈으로 아테네 서쪽 교외의 땅을 구입하여 기원전 387년에 아카데미아*를 세웁니다. 오늘날의 대학처럼 그리스 청년들을 가르쳤던 아카데미아 입구에는 "기하학을 모르는 자는 그 누구도 이곳에 들어오지 마라."라는 문구가 새겨져 있었다고 합니다. 플라톤의 제자로 유명한 아리스토텔레스도 아카데미아에서 공부했습니다.

플라톤은 아카데미아에서 후학을 양성하며 다수의 대화록을 완성했습니다. 50년에 걸쳐 집필한 35편의 대화록은 크게 초기, 중기, 후기로 구분할 수 있습니다. 초기 대화록으로는 용기를 다룬 〈라케스〉, 소크라테스의 재판 과정을 묘사하고 무지의 깨달음을 강조한 〈변명〉, 법의

* 영웅신 아카데모스의 이름을 따서 지은 플라톤의 학원으로 철학을 중심으로 수학, 음악, 천문학 등을 가르쳤다. 529년 로마 황제 유스티니아누스 1세가 이교 사상이라고 지목하여 폐쇄할 때까지 약 900년 동안 존속되었다.

준수를 다룬 〈크리톤〉, 소피스트와 논쟁하는 내용이 담긴 〈프로타고라스〉, 우정을 논한 〈리시스〉 등이 있습니다. 중기 대화록으로는 탁월함의 획득 방식에 대해 논한 〈메논〉, 에로스를 찬미하며 근원적인 아름다움과 영원한 가치를 설명한 〈향연〉, 영혼 불멸설과 이데아론을 주장한 〈파이돈〉, 동굴의 비유로 이데아를 설명하고 철인왕이 다스리는 이상 국가를 주장한 〈국가〉 등이 있습니다. 그리고 후기 대화록으로는 플라톤의 우주론이 담긴 〈티마이오스〉, 플라톤의 정치철학이 담긴 〈폴리티코스〉와 〈법률〉 등이 있습니다.

동굴의 비유로 이데아를 설명하다

플라톤 철학의 근간은 이데아론입니다. 여기서 이데아란 인간의 감각이나 인식과 분리되어 있는 실재의 원형이며, 초월적인 세계를 의미합니다. 예를 들자면 원 그리기가 있습니다. 아무리 많은 사람들이 아무리 많은 원을 그려도 그 원은 저마다 차이가 있을 수밖에 없습니다. 현실적으로 완벽한 원을 그리는 것은 불가능합니다. 그럼에도 원을 생각하며 그릴 수 있는 것은 우리가 이데아를 인식하고 있기 때문입니다. 이데아는 눈을 볼 수 있는 가시적 세계가 아니라 정신을 통해 인식 가능한 정신적 세계에 속해 있습니다. 여기서 플라톤은 물질적인 가시적 세계와 정신적인 세계를 구분하는 이원론을 주장하며,이데아야말로 모든 실체의 근원이자 영원한 진리라고 주장합니다.

눈앞에 보이는 장미는 아름답지만 시간이 지나면 시들어 아름다움을 잃어버립니다. 그러나 실체를 가지지 않는 아름다움이라는 개념은 영원합니다. 다시 말해, 장미처럼 현실 세계에 존재하는 수많은 아름다운 사물들에는 공통적으로 아름다움 그 자체가 존재합니다. 그러나 현실의 사물은 완벽한 아름다움 중에서 그 일부만 갖고 있을 뿐이지요. 게다가 현실의 아름다움은 생성하고 사멸하는 과정에서 끊임없이 변화합니다. 반면 아름다움 그 자체는 어떠한 변화도 없이 절대적이고 완전하며 영원합니다. 이것이 바로 아름다움의 이데아입니다. 플라톤이 "아름다운 사물이 아름답게 되는 것은 미 때문이다."라고 말한 것도 실은 이러한 이데아를 강조한 것입니다.

플라톤의 이데아를 잘 묘사한 것으로 〈국가〉에 나오는 동굴의 비유가 있습니다. 커다란 동굴에 평생 동안 기둥에 묶인 죄수들이 있습니다. 그들은 오직 동굴 벽에 비친 그림자만을 볼 수 있습니다. 그들의 등 뒤에서 타오르는 모닥불에 비친 그림자들이 그것입니다. 오직 그림자만 볼 수 있는 죄수들은 그림자가 실체라고 생각합니다. 그런데 어느 한 죄수가 기둥에서 풀려나 동굴 밖으로 나옵니다. 처음에 그는 눈부신 태양을 보고 고통스러워합니다. 그러나 서서히 외부 세계에 익숙해지면 참된 현실을 보게 됩니다. 동시에 그동안 자신이 알고 있던 세계가 그림자에 지나지 않음을 자각합니다. 그는 동굴로 다시 돌아가 다른 죄수들에게 자신이 깨달은 사실을 알리려 합니다. 그러나 다른 죄수들은 그의 말

플라톤의 동굴을 비유한 판화

을 믿지 않으며 오히려 의심하고 조롱합니다.

　플라톤의 동굴의 비유는 인간이 처한 상황을 묘사한 것입니다. 동굴
은 우리가 살고 있는 감각적인 세계이고, 우리는 이런 감각적인 세계에
사로잡혀 있는 죄수라는 겁니다. 동굴 밖으로 나와 실상을 보고 깨달음
을 얻은 사람은 철학자라고 할 수 있으며 동굴 밖의 참된 현실은 이데
아의 세계입니다. 따라서 철학자의 소명은 이 이데아의 세계를 세상 사
람들에게 알려주는 것입니다.

철인왕이 다스리는 이상국가를 꿈꾸다

플라톤은 현실 세상에서 이데아를 구현하려면 철인(철학하는 사람)이

통치자가 되어 국가를 이끌어야 한다고 주장합니다. 왜냐하면 '선(善)의 이데아'를 가장 잘 아는 사람이 철학자이기 때문입니다. 그는 어리석은 다수가 통치하는 민주주의로 인해 스승인 소크라테스가 부당한 죽음을 맞이했다고 생각했습니다. 그에게 민주주의는 정의롭지 못하고 타락한 통치 체제로 받아들여집니다. 따라서 플라톤이 꿈꾸는 정의로운 이상국가는 선의 이데아를 알고 있는 철학자가 통치하는 국가입니다.

이러한 플라톤의 국가는 개인과도 밀접한 관련이 있습니다. 그는 인간의 영혼을 이성, 용기, 욕망의 세 부분으로 나누었습니다. 그런 다음 국가 역시 이성에 해당하는 통치자 계급, 용기에 해당하는 군인 계급, 욕망에 해당하는 생산자 계급으로 나누었습니다. 플라톤의 주장에 따르면, 인간의 영혼처럼 이 세 계급이 질서를 이룰 때 정의로운 이상국가 실현이 가능해집니다.

플라톤은 〈국가〉에서 이상적인 통치자의 모습으로 '철인왕'을 제시합니다. 철인왕은 최상의 행위가 무엇인지 아는 자이며, 이 앎을 통해 다른 사람들을 안내하고 이끄는 자입니다. 따라서 이러한 철인왕이 되려면 다음과 같은 과정을 거쳐야 합니다. 먼저 스무 살이 되기 전까지 체육과 음악과 시를 통해 기초 교육을 받습

* 모순이나 대립을 근본원리로 하여 사물의 운동을 설명하려고 하는 논리를 말한다. 그리스어 '디아레티케(dialektike)'에서 유래했으며, 원래는 대화술·문답법이라는 뜻이었다. 플라톤은 진리를 인식하기 위한 최고의 철학적 방법이라며 변증법을 중시하였다.

플라톤의 〈향연〉에 실린 그림

니다. 그 후 10년 동안 수학과 천문학과 화성학을 배웁니다. 여기서 다시 선별된 소수의 통치자들이 5년 동안 변증법*과 도덕철학을 배웁니다. 그 후 15년 동안 국가 관리로 정치 활동을 합니다. 그리고 마침내 쉰 살이 되면 선의 이데아를 관조할 수 있는 인물이 선출되어 국가를 통치하는 철인왕에 오릅니다. 실제로 플라톤은 시라쿠사를 세 차례나 방문하면서 철인왕이 다스리는 이상국가를 세우려고 노력했지만 번번이 실패했습니다.

기원전 347년 플라톤은 여든한 살의 나이에 세상을 떠났습니다. 그는 평생 결혼을 하지 않았고 자식도 없었습니다. 하지만 그의 장례 행렬에는 아카데미아의 전 주민이 참여하여 애도했다고 합니다. 플라톤의 유해는 그가 철학적 사유를 하던 아카데모스 숲에 묻혔습니다.

월 듀란트는 〈철학 이야기〉에서 플라톤의 말년을 이렇게 적고 있습니다.

라 로슈코푸는 '늙을 줄 아는 사람은 적다.'고 말했다.

플라톤은 늙는 법을 알고 있었다.

그것은 솔론처럼 공부하고,

소크라테스처럼 가르치며,

열성적인 청년들을 지도하고,

지적인 동지애를 찾아내는 것이다.

그가 제자들을 사랑하듯, 제자들도 그를 사랑했다.

그는 제자들의 철학자요, 지도자인 동시에 벗이었다.

한 줄로 읽는 플라톤
- 물질적 가시 세계와 정신적 이데아 세계를 구분하는 이원론을 주장했다.
- 이데아는 모든 실체의 근원이자 영원한 진리라고 주장했다.
- 오늘날의 대학과 비슷한 아카데미아를 세워 후학을 양성했다.
- 국가를 다스리는 이상적인 통치자로 '철인왕'을 제시했다.

제비 한 마리가 찾아왔다고
하루아침에 봄이 오는 것은 아니다

———

아리스토텔레스
Aristotle BC384~BC322

아리스토텔레스는 스승인 플라톤과 함께 2천 년 동안 서양의 정신사를 지배한 위대한 철학자입니다. 또한 형이상학, 논리학, 윤리학, 정치철학, 물리학, 천문학, 수사학, 심리학 등 모든 학문 분야에서 광범위한 연구와 업적을 남겼기 때문에 서양 학문의 창시자로 불리기도 합니다.

아리스토텔레스가 활동하던 때는 그리스인들의 삶을 근본적으로 규정했던 도시국가가 무너져 내리던 시기였습니다. 고대 그리스의 전성기에 문명의 꽃을 활짝 피웠던 아테네는 서서히 힘을 잃어갔습니다. 그리스 민주주의도 알렉산드로스 왕이 지배하는 전제 군주제에 굴복하던 시기였습니다. 아리스토텔레스는 이런 험난한 시기에 이상보다는 현실에 눈을 돌려, 스승 플라톤의 관념론적 이상주의에서 벗어나 경험론적 현실주의로 시대와 함께 한 철학자였습니다.

아리스토텔레스에게는 고삐가 필요해

아리스토텔레스는 기원전 384년에 마케도니아 트라키아 해안의 스타게이로스에서 태어났습니다. 그의 아버지는 마케도니아 왕 아민타스 2세의 궁정의사였습니다. 아마도 그는 아버지의 영향으로 어려서부터 생물학과 해부학 같은 자연과학에 관심을 가졌을 것입니다. 그러나 부모가 일찍 세상을 떠나는 바람에 친척인 프록세노스의 손에 양육되었습니다. 훗날 아리스토텔레스가 프록세노스를 위해 동상을 세워달라

고 유언을 남긴 것으로 보아 프
록세노스는 아리스토텔레스를
친자식 이상으로 정성껏 보살
핀 듯싶습니다.

열일곱 살이 되었을 때 아리
스토텔레스는 마케도니아를
떠나 아테네의 아카데미아로
들어가 그곳에서 플라톤의 제
자가 됩니다. 아카데미아에서
는 20년 동안 머물며, 플라톤이
"크세노크라테스에게는 박차

아리스토텔레스와 플라톤

가 필요하지만 아리스토텔레스에게는 고삐가 필요하다."라고 말릴 정
도로 철학 공부에 매진했습니다.

처음에는 학생 신분이었지만 나중에는 교수가 되어 자신의 강의를
열었습니다. 그의 강의실에는 서판과 다양한 도구들, 천문학 관련 도표
가 있었고 벽에는 그림이 붙어 있었다고 합니다.

플라톤이 '아카데미아의 예지'라 부르며 각별히 아꼈던 아리스토텔
레스는 플라톤의 생각과 철학을 가장 잘 이해하는 제자이자 동료였습
니다. 그는 스승 플라톤이 세상을 떠나자 비문에 '스승 중의 스승'이라
는 글귀를 새겨 넣을 정도로 평생 플라톤을 존경했습니다. 그러나 플라

톤의 사후에 그의 조카 스페우스포스가 아카데미아의 원장 자리를 차지하자 아카데미아를 떠났습니다. 수학을 지나치게 중시하는 스페우스포스의 교육과정에 몹시 실망했기 때문입니다.

아리스토텔레스는 플라톤과 결별하며 유명한 한 마디를 남겼습니다. "플라톤은 소중한 벗이다. 그러나 진리는 더 소중한 벗이다!"

아카데미아를 떠난 아리스토텔레스는 친구이자 아타르네우스의 참주인 헤르미아스의 초청을 받아 이오니아 지방의 아소스로 건너갔습니다. 그곳에서 그는 친구의 환대를 받으며 3년 동안 학문에 매진하는 한편 헤르미아스의 조카이자 양녀인 피티아스와 결혼하여 가정을 이루었습니다.

리케이온의 소요학파

기원전 343년 아리스토텔레스는 마케도니아 왕 필리포스2세의 부름을 받습니다. 필리포스 왕은 열세 살인 아들 알렉산드로스*의 교육을 부탁합니다. 이를 계기로 세계사에 이름을 떨친 두 위인의 극적인 만남이 이루어졌습니다. 그러나 아리스토텔레스가 제자인 알렉산드로스에게 어떤 가르침을 펼쳤는지 알 수 있는 기록은 남아 있지 않습니다. 다만 알렉산드로스의 불같은 성격과 아리스토텔레스의 성품으로 짐작하건데, 서로에게

* 마케도니아 왕 필리포스 2세의 아들로 알렉산더 대왕, 알렉산드로스 3세라고도 한다. 그리스·페르시아·인도에 이르는 대제국을 건설한 대왕으로 동서 문화의 교류와 융합으로 새로운 헬레니즘 문화를 탄생시켰다.

리케이온의 터

그리 큰 영향을 미친 것 같지는 않습니다.

 필리포스2세에 이어 왕위에 오른 알렉산드로스가 그리스 전토를 장악한 후 아리스토텔레스는 아테네로 다시 돌아옵니다. 그는 아폴론 리케이온 신전 근처에 그 이름을 따서 리케이온이라는 학원을 세웠습니다. 리케이온에서 그는 산책로를 거닐며 제자들을 가르치는 습관이 있었는데, 이리저리 소요한다고 해서 아리스토텔레스학파를 '소요학파'로 부르기도 합니다. 아리스토텔레스는 리케이온을 중심으로 광범위한 연구와 교육 활동을 펼쳤습니다.

 리케이온에서 다양한 학문 영역을 체계적으로 집대성한 아리스토텔레스는 엄청나게 많은 글을 남겼다고 하지만 대부분 유실되고 오늘날까지 남아 있는 저술은 모두 47편입니다. 그 중 주요한 저술로는 〈오르가논〉〈형이상학〉〈니코마코스 윤리학〉〈정치학〉〈시학〉 등이 있습니다. 이러한 아리스토텔레스의 글을 두고 키케로*는 '황금이 흐르는 강'이라 표현하며 찬사를 보냈습니다.

기원전 323년 알렉산드로스가 병사합니다. 그러자 마케도니아 왕국의 지배를 받던 아테네에서 마케도니아를 배척하는 운동이 일어납니다. 마케도니아 사람인 아리스토텔레스도 소크라테스처럼 신성모독의 죄로 고발을 당하는 상황에 내몰립니다. 위기감을 느낀 아리스토텔레스는 "아테네 사람들이 철학에 대해 두 번씩이나 죄를 짓지 않게 하겠다."는 말을 남기고 아테네를 떠납니다. 그는 어머니의 영지가 있는 에우보이아섬의 칼키스로 피신을 했습니다. 그리고 얼마 후 기원전 322년 10월에 예순세 살의 나이로 위장병을 앓다 생을 마감합니다. 그의 마지막 유언은 아내 피티아스 옆에 안장해 달라는 것이었습니다.

모든 학문의 기초를 마련하다

아리스토텔레스 철학의 핵심은 스스로가 '제1철학'으로 부르기도 했던 형이상학입니다. 여기서 한 가지 흥미로운 사실은, 아리스토텔레스가 형이상학으로 널리 알려져 있지만 그 자신이 정한 용어가 아니라 후대의 편집자인 안드로니코스

* 키케로(BC106~BC43)는 고대 로마의 정치가이자 철학자이다. 변론술의 대가이자 고전 라틴 산문의 창시자이며, 절충주의 철학자로 알려져 있다.

가 그의 기록을 분류하다가 우연히 붙인 제목이라는 것입니다. 형이상학에 해당하는 그리스어 'ta meta ta physica'는 '자연학 뒤에 놓인 것'을 의미합니다. 그런데 그 내용이 물리적 대상을 넘어선 초자연적인 것을 대상으로 하고 있기 때문에 후대에 '넘어선다'의 의미로 '메타피지카'라는 용어가 생겨났고, 다시 이를 한문으로 번역하는 과정에서 형이상학이라는 용어가 만들어진 것입니다.

아리스토텔레스 형이상학에서 중요한 개념은 실체를 구성하는 '형상'과 '질료'입니다. 플라톤은 이데아 세계가 감각적인 세계를 초월한 독립적인 세계라고 주장합니다. 반면 아리스토텔레스는 이데아가 사물과 달리 떨어져 존재하는 것이 아니라 사물 속에서 사물의 본질을 형성한다고 주장합니다.

플라톤은 이데아와 개체가 독립적으로 존재한다는 이원론적인 입장이지만 아리스토텔레스는 모든 개체를 이데아에 해당하는 형상과 질료의 합일체로 보았습니다. 질료는 사물을 이루는 근본물질이고 형상은 그 질료를 특정한 사물이 되게끔 하는 원리입니다. 형상은 활동적·능동적이고 질료는 비활동적·수동적입니다. 또한 형상은 현실성이고 질료는 가능성입니다. 예를 들어 돌로 만든 비너스 조각상이 있다고 해보죠. 돌은 질료이고 비너스로 보이게 하는 것은 형상입니다. 플라톤의 이데아는 영원불멸하며 절대 변화하지 않습니다. 하지만 비너스 조각상처럼 형상과 질료로 구성된 실체는 끊임없이 변화하고 발전합니다. 또 다른 예로 도토리가 자라 성장한 참나무가 있습니다. 도토리는 질료로 참나무의 가능성을 가지고 있고, 참나무는 형상으로 현실성을 가지고 있습니다. 이 참나무로 다시 기둥을 만들면 나무가 질료가 되고 기둥이 형상이 됩니다. 이와 같이 질료는 어떤 목적으로 가지고 끊임없이 변화하고 발전합니다.

그런데 이러한 질료를 계속 추적하다 보면 어떠한 형상도 포함하지 않은 제1질료를 만나게 됩니다. 마찬가지로 형상을 계속 추적하다 보면 순수한 형상인 제1형상을 만나게 됩니다. 제1질료와 제1형상은 스스로 변화하거나 움직이지 않으면서 모든 변화와 운동의 원인이 됩니다. 아리스토텔레스는 이를 '부동(不動)의 동자(動者)'로 정의했습니다. 스스로 움직이지 않으면서 다른 것을 움직이게 하는 부동의 동자는 절대자인 신과 같은 개념입니다. 그래서 중세시대에는 이 개념이 기독교의 하느님을 철학적으로 설명하는 중요한 이론으로 발전합니다.

아리스토텔레스는 논리학의 창시자로도 유명합니다. 널리 알려진 그의 삼단논법 추론 방식은 다음과 같습니다.

인간은 모두 죽는다.
소크라테스는 인간이다.
따라서 소크라테스는 죽는다.

여기서 대전제인 '인간은 죽는다'는 참입니다. 소전제인 '소크라테스는 인간이다' 역시 참입니다. 그리고 이를 전제로 이끌어낸 '소크라테스는 죽는다'는 결론도 참입니다. 이와 같이 두 개의 전제에서 하나의 결론을 이끌어내는 연역적 추론 방식이 삼단논법입니다. 연역적 추론의 경우 전제가 참이면, 결론도 반드시 참일 수밖에 없습니다. 요컨대 삼단논법의 핵심은 전제가 되는 두 개의 판단으로부터 새로운 판단을 이끌어내는 것입니다.

아리스토텔레스는 윤리학에서도 중요한 업적을 남겼는데, 궁극적으로 인간의 삶의 목적은 행복이라고 주장합니다. 그러나 무절제하게 쾌락만을 추구하는 것은 행복이 아닙니다. 이러한 쾌락에는 결국 고통이 따라오기 때문입니다. 아리스토텔레스는 쾌락과 도덕 사이에서 균형을 잃지 않는 '중용'이 행복을 가져다준다고 주장합니다. 예를 들어 비겁과 만용의 중용은 용기이고, 금욕과 탐닉의 중용은 절제이며, 인색과 낭비의 중용은 관대입니다. 그런데 이러한 중용을 통해 행복한 삶을 살아가려면 습관처럼 오랫동안 윤리적인 덕을 실천해야 합니다. 아리스토텔레스가 〈니코마코스 윤리학〉에 "제비 한 마리가 찾아왔다고 하루아침에 봄이 오는 것이 아니듯, 진정한 행복도 하루아침에 얻을 수 있는 것이 아니다."라고 적은 것도 그 때문입니다.

이와 같이 아리스토텔레스는 다양한 학문 영역에서 위대한 업적을 남겼지만 529년 비잔틴 제국의 유스티니아누스 대제가 아카데미아를

토마스 아퀴나스

포함해 모든 비그리스도교 철학 학교를 폐쇄한 이후 오랜 세월 유럽에서 빛을 보지 못했습니다. 그의 학문과 사상은 10세기경 아라비아로 유입되어 오히려 그곳에서 더 활발히 연구되었습니다.

아라비아의 학자들은 그를 '첫 스승(The First Teacher)'이라 부르며 흠모했습니다. 그러다 1225년 아라비아어로 번역된 그의 책이 라틴어로 다시 옮겨지면서 아리스토텔레스 사상의 재발견이 이루어졌습니다. 그리고 아리스토텔레스의 철학을 기독교 신학에 편입시켜 '이성과 신학의 조화'를 꾀한 토마스 아퀴나스*에 의해 화려하게 부활합니다. 토마스 아퀴나스는 아리스토텔레스 철학의 합리적 체계에 기독교 신학을 재편성해서 새로운 철학인 스콜라 철학을 완성할 수 있었습니다.

아리스토텔레스는 아퀴나스를 통해 유일무이한 '최고의 철학자'로 절대적인 위치에 올라섰습니다. 근대에 이르러서는 베이컨이 사변 철학으로 비판하면서부터 그

* 토마스 아퀴나스(1225~1274)는 중세 유럽을 대표하는 가톨릭 신학자이자 스콜라 철학자이다. 아리스토텔레스 철학의 도움을 받아 중세 시대 몰락의 위기에 처한 기독교를 철학적으로 완성했다는 평가를 받고 있다.

영향력이 줄어들긴 했지만 '만학의 아버지'로 불리며 거의 모든 학문의 기초를 닦은 아리스토텔레스의 철학은 오늘날까지 값진 유산을 남기고 있습니다.

한 줄로 읽는 아리스토텔레스

- 거의 모든 학문의 기초를 마련한 서양 학문의 창시자로 알려져 있다.
- 플라톤의 제자이자 알렉산드로스의 스승으로 유명하다.
- 플라톤의 이데아론을 비판하며, 모든 개체가 형상(이데아)과 질료의 집합체라고 주장했다.
- 쾌락과 도덕 사이에서 균형을 잃지 않는 중용이 행복을 가져다준다고 주장했다.
- 논리학의 창시자이다.

진리는 인간의 내면에
깃들어 있는 것이다

———

아우구스티누스
Aurelius Augustinus 354~430

초창기 기독교는 로마제국의 모진 탄압으로 많은 고통에 시달렸습니다. 기독교는 이런 로마제국의 탄압을 딛고 들불처럼 로마 각지로 전파되었습니다. 그러다 313년 밀라노 칙령*으로 신앙의 자유가 허락되었고, 테오도시우스 황제가 통치하던 시기에 이르러 마침내 기독교는 로마의 국교가 되었습니다.

이 무렵 기독교는 아직 정교한 교리를 갖추지 못했습니다. 그러자 이교도들이 사상과 이념적으로 허술한 기독교의 빈틈을 파고들며 매섭게 공격을 가했습니다. 이때 이교도에 맞서 기독교를 옹호하기 위해 기독교 교리를 이론화한 사상가들이 등장했습니다. 이들을 흔히 교부 철학자라 부르는데, 그 중 가장 유명한 인물이 바로 아우구스티누스입니다.

진정한 행복을 찾는 청년

아우구스티누스는 오늘날 알제리의 수크 아라스인 타가스테에서 354년에 태어났습니다. 황제 콘스탄티우스 2세의 후원으로 기독교가 한창 교세를 넓혀 가던 시기였습니다. 아우구스티누스의 아버지는 로마 하위직 관리로 부유한 형편은 아니었지만 자식 교육만큼은 헌신적이었습니다. 아버지의 소망은 아들이 제대로 교육을 받아 세상에서 출세하는 것이었습니다. 많은 돈을 들여야 함에도 불구하고 아우구

* 313년 2월 로마제국을 동서로 나누어 통치하던 콘스탄티누스 1세와 리키니우스가 밀라노에서 공동으로 발표한 포고령이다. 로마 제국 내에서 모든 종교의 자유를 허용한다는 내용이 담겨 있어 기독교를 보호하고 장려하는 계기가 되었다.

스티누스를 마다우로스에 있는 대학에 보낸 것도 그 때문이었습니다.

아우구스티누스가 기독교에 관심을 갖게 된 것에는 어머니 모니카의 영향이 컸습니다. 열렬한 신도였던 어머니는 아들을 독실한 기독교인으로 키우고 싶어 했습니다. 그러나 젊은 시절 아우구스티누스는 기독교에 심취하기는커녕 불량한 친구들과 어울려 다닌 탓에 어머니에게 큰 시름을 안겨주었습니다. 아우구스티누스의 〈고백론〉에는 이 시기에 어머니 모니카가 꾸었던 꿈 이야기가 나옵니다.

매일 같이 아들을 위해 열심히 기도하던 모니카는 어느 날 꿈을 꿉니다. 꿈 속에서 모니카는 나무로 만든 막대자 위에 서 있었습니다. 이때 눈부시게 생긴 한 청년이 모니카에게 다가와서 미소를 지으며 왜 슬퍼하느냐고 그녀에게 묻습니다. 모니카는 아들이 타락에 빠져 지내는데 어찌 슬퍼하지 않을 수 있느냐고 대답합니다. 그러자 청년은 안심하라고 말하면서 그녀가 있는 곳에 아들도 있다고 타이릅니다. 그래서 청년이 말한 대로 살펴보니 아들 아우구스티누스가 어머니 모니카와 함께 막대자 위에 나란히 서 있었습니다.

꿈에서 깨어난 모니카는 교회의 한 감독을 찾아가 방황하는 아들을 다시 돌아오게 해달라고 하소연합니다. 그러자 그는 이렇게 말합니다. "자, 이제 돌아가십시오. 이렇게 흘리는 눈물의 자식이 망할 리 없습니다." 아우구스티누스가 자신의 기독교 개종을 그녀의 기도 덕분으로 돌렸을 만큼 어머니 모니카는 신앙심 깊은 여인이었습니다.

아우구스티누스는 열여덟 살이 되었을 때, 키케로의 대화편 〈호르텐시우스〉를 읽다가 '진정한 행복은 진정한 지혜를 얻는 것'이라는 대목에서 깊은 감명을 받습니다. 그럼에도 '나는 육욕에 지배돼 미쳐 날뛰며, 완전히 욕망이 이끄는 대로 살았다'는 훗날의 고백처럼 젊은 시절 아우구스티누스는 방탕한 생활에서 벗어나지 못했습니다.

방황하던 청년 아우구스티누스는 어머니가 소망해 마지않던 기독교가 아닌 마니교에 심취합니다. 페르시아의 예언자 마니가 창시한 마니교는 간명한 교리와 엄격한 계율을 가진 종교였습니다. 신앙과 관련하여 아우구스티누스는 근본적인 문제의식을 품고 있었습니다. '전지전능하고 절대적으로 선한 신이 만든 세상에 어떻게 악이 존재할 수 있는 거지?'

얼핏 보기에 기독교는 이러한 모순을 전혀 해결하지 못하지만 마니교는 명쾌한 해답을 제시하고 있는 것처럼 보였습니다. 마니교는 세상을 선과 악이 싸우는 투쟁의 영역으로 구분하여 선과 악이라는 이원론적 세계관을 가지고 있었습니다. 즉, 악은 선한 신과 독립된 별개의 다른 힘이라는 거죠. 아우구스티누스는 마니교가 세상의 악을 제대로 설명한다고 믿었고, 이후 9년 동안 마니교에 몰두했습니다.

그러다 밀라노의 수사 암브로시우스*와의

운명적인 만남을 계기로 아우구스티누스는 마니교와 결별합니다. 암브로시우스는 신플라톤주의의 영향을 받은 유명한 초창기 기독교 교부였습니다. 신플라톤주의에서는 마니교와 전혀 다른 방식으로 세상의 악을 설명했습니다. 즉, 악은 선과 별개의 독립적인 힘이 아니라 선의 결핍일 뿐이라는 것입니다. 아우구스티누스는 '진정한 지혜는 신을 아는 것'에서 출발한다는 암브로시우스의 주장에 큰 감명을 받습니다. 그리고 이것이 기독교의 품으로 다시 돌아가는 계기가 됩니다.

밀라노 정원의 영적 체험

아우구스티누스는 서른둘의 나이인 386년에 기독교로 개종하는 결정적인 영적 체험을 합니다. 그리고 이 과정을 〈고백론〉에 기록해 두었습니다.

어느 날 아우구스티누스는 세속적인 욕망에서 벗어나지 못하는 자신에 절망하면서 영적인 번민에 빠져 무화과 나무 아래에 엎드려 울고 있었습니다. 그때 밀라노 정원서 놀고 있는 아이들의 노랫소리가 들렸습니다. "집어서 읽어라(tolle lege)." 이 노래를 들은 아우구스티누스는 마치 계시를 받은 것처럼 성경을 펼쳤습니다. 펼쳐 든 성경의 글귀는 사도 바울이 쓴 〈로마서〉 13장 13절이었습니다.

낮에와 같이 단정히 행하고 방탕과 술에 취하지 말며, 음란과 호색하지

기독교로 개종하는 아우구스티누스

말며, 쟁투와 시기하지 말고, 오직 주 예수 그리스도로 옷 입고, 정욕을
위하여 육신의 일을 도모하지 말라.

훗날 아우구스티누스는 이 순간에 느꼈던 충격과 감동에 대해 '신앙
의 빛이 내 마음에 홍수처럼 밀려 들어와 모든 의심의 어두움을 몰아내
는 것 같았다.'고 표현했습니다. 마침내 아우구스티누스는 이러한 영적
체험을 계기로 세속적인 삶을 포기하고 기독교로의 개종을 결심하게
됩니다.

이듬해인 387년에 아우구스티누스는 서른세 살의 나이에 암브로시우
스로부터 세례를 받습니다. 그리고 고향으로 돌아가 공동체 생활을 하다

가 히포 레기우스의 주교가 됩니다. 그 후 아우구스티누스는 40여 년간 주교로서 바쁜 직무를 수행하면서 4천 번의 설교를 했으며, 백여 권의 철학책과 218통의 편지 그리고 5백여 권의 설교집을 집필했습니다.

인간의 자유의지가 죄의 본질이다

아우구스티누스가 무엇보다 천착한 기독교 교리는 자칫 모순처럼 보이는 악의 문제를 해결하는 것이었습니다. 그는 신이 세상을 선하게 창조했지만 자연적인 본성에 결핍이 생기면서 악이 나타났다고 생각했습니다. 그는 악이란 선한 것을 알고 있음에도 불구하고 악을 선택하려는 의지의 산물이라고 주장합니다.

신은 흙에 생기를 불어넣어 최초의 인간 아담을 만들고 나서, 아담이 외롭지 않도록 그의 갈비뼈로 하와를 만들어 아내로 삼게 했습니다. 아담은 아내와 함께 모든 것이 풍족한 에덴동산에서 살았습니다. 신은 동산에 있는 모든 나무열매를 따먹을 수 있지만 선악과만큼은 절대 따먹지 말 것을 명령했습니다. 그러나 사탄인 뱀의 유혹에 넘어간 하와가 그만 그 열매를 따먹는 잘못을 저질렀습니다. 신은 선악과

뱀의 유혹에 넘어가는 아담과 하와

따먹은 벌로 그 둘에게 저주를 내리고 낙원인 에덴동산에서 추방했습니다. 그 후로 아담의 후손인 인간은 죄를 물려받아 모두가 죄인이 되었습니다. 이것이 바로 널리 알려진 기독교의 원죄설입니다.

아우구스티누스는 이러한 인간의 악이 아담과 하와가 신의 명령을 어기고 선악과를 따먹은 원죄, 즉 신의 능력까지 얻으려 했던 인간의 자유의지에서 비롯되었다고 주장합니다. 따라서 신의 섭리를 따르는 삶을 거부하려드는 인간의 의지가 죄의 본질입니다. 원래 신은 자유의지를 가진 선한 존재로 인간을 창조했지만 인간은 신의 섭리 대신 세속적인 삶을 선택함으로써 악을 행하게 되었다는 것입니다. 인간 스스로는 이러한 의지를 유발하는 욕구를 거부하면서 선을 선택할 능력이 없습니다. 오직 신의 은총을 통해서만 이런 원죄에서 벗어날 수 있습니다.

결론적으로 아우구스티누스는 신이 창조한 세상에서 악이 존재하는 것은 인간의 자유의지에서 비롯되었다고 설명함으로써 악의 문제를 해결하는 동시에 악이 신과 무관하다는 신학적 정당성을 확립했습니다.

로마의 붕괴 앞에서 집필된 〈신국론〉

410년 서고트족이 침략하여 서로마제국의 수도인 로마를 점령했습니다. 이것은 당시에 세계의 중심지로 추앙받던 로마의 붕괴를 알리는 일대 사건이었습니다. 충격에 빠진 로마인들은 20년 전인 392년에 기독교를 로마의 국교로 정한 것이 이런 사태를 불러왔다고 생각했습니다.

로마인들 사이에서는 역사를 주관하는 신의 섭리가 무엇이며, 기독교가 정말 로마를 몰락시켰는지에 대한 논쟁이 벌어졌습니다. 그때 히포의 주교 아우구스티누스는 기독교에 대한 이교도의 비판을 반박하는 동시에 무너진 로마제국을 기독교 사상으로 다시 일으키자는 열망으로 〈신국론〉 집필에 나섰습니다.

히포의 주교 아우구스티누스

〈신국론〉에서는 인류의 역사를 지상의 나라와 신의 나라 간의 투쟁으로 설명하고 있습니다. 카인과 아벨*의 시대가 그랬고, 헤롯왕과 예수의 시대가 그랬던 것처럼 이러한 투쟁이 최후의 심판이 일어날 때까지 계속된다는 것입니다.

지상의 나라에서는 신을 멸시하는 오만하고 방탕한 삶을 살아가지만 신의 나라에서는 신의 은총에 의한 구원을 꿈꾸며 행복한 삶을 살아갑니다. 신을 무시하고 자신들만의 사랑을 추구하는 인간들은 바빌론, 즉 '땅의 나라'에 속하게 됩니다. 반면 영원한 행복을 바라며 신을 따르는 생활을 하는 인간들은 예루살렘, 즉 '신의 나라'에 속합니다. 결국 〈신국론〉은 지상의 나라와 신의 나라 간의 싸움에서 신의

> ★ 구약성서 창세기에 나오는 아담과 하와의 아들이다. 카인과 아벨은 모두 하느님에게 제물을 바쳤는데, 하느님은 카인이 아닌 아벨의 제물을 받았다. 이에 질투심 생긴 카인은 아벨을 몰래 꾀어 돌로 쳐 죽임으로써 인류 최초의 살인자가 되었다.

나라의 승리로 끝을 맺습니다.

427년 반달족이 북아프리카를 쳐들어왔습니다. 이때 피난민들이 전쟁을 피해 아우구스티누스 주교가 살고 있던 히포로 쏟아져 들어왔습니다. 아우구스티누스는 피난민들을 외면하지 않고 따뜻하게 받아들였습니다. 그런데 안타깝게도 피난민을 돌보다 그만 열병에 걸렸고, 반달족이 히포를 점령하기 직전인 430년 8월 28일, 76세의 일기로 생을 마감합니다. 그의 유해는 반달족에 의한 훼손을 막기 위해 사르데냐 섬에 묻혔다가 훗날 이탈리아 본토인 파비아와 밀라노로 옮겨졌으며, 유해 일부는 성유물로 보존되고 있습니다.

한 줄로 읽는 아우구스티누스

- 이교도에 맞서 초기 기독교 교리를 정립한 교부철학의 대표자이다.
- 밀라노 정원에서의 영적 체험으로 기독교에 귀의했다.
- 악의 문제를 해결하기 위해 인간의 자유의지가 죄의 본질이라고 주장했다.
- 이교도를 비판하는 동시에 무너진 로마제국을 기독교 사상으로 다시 일으키고자 하는 열망으로 〈신국론〉을 집필했다.

군주는 사자의 힘과
여우의 간교함을 갖추어야 한다

니콜로 마키아벨리
Niccolò Machiavelli 1469~1527

흔히 '마키아벨리즘'으로 불리는 마키아벨리의 사상은 목적을 위해 수단과 방법을 가리지 않는 냉혹하고 기만적인 정치술로 알려져 있습니다. 이것은 마키아벨리가 종교적인 윤리가 아닌 냉혹한 현실에 더 주목했기 때문입니다. 실제로 그의 관심사는 도덕적인 이상이 아니라 현실적인 문제 해결을 위해 군주에게 필요한 자질이 무엇이며, 어떠한 통치술을 발휘해야 하는가에 있었습니다. 따라서 마키아벨리를 제대로 이해하려면 기만과 술수에 능한 잔인한 군주의 옹호자가 아닌 냉철한 정치철학자로서의 그의 면모를 읽을 수 있어야 합니다.

프랑스인은 정치를 모릅니다

니콜로 마키아벨리는 1469년 이탈리아 피렌체의 명문가 집안에서 태어났습니다. 그의 아버지 베르나르도는 법률가였지만 경제적으로 무능하여 집안 살림은 그리 넉넉한 형편이 아니었습니다. 그러나 리비우스*의 〈로마사〉 지명색인을 도와주고 10년이나 기다린 후 제본한 책을 얻었다는 일화가 전해질 정도로 인문학적인 열정과 소양을 갖춘 사람이

---
* 고대 로마의 역사가로 로마 건국부터 기원전 9년까지 로마 역사를 기록한 통 142권의 〈로마사〉를 저술했다. 마키아벨리의 대표작 중 하나인 〈로마사 논고〉도 이 책을 주제로 하면서 사례들을 참고하여 쓴 것이다.

었습니다. 그는 아들의 교육에도 매우 열정적이었습니다. 덕분에 마키아벨리는 당대의 석학들로부터 라틴어와 고대철학, 문학과 역사를 두루 배우며 인문학적 소양을 쌓을 수 있었습니다.

훗날 '신이 내린 글'이라는 찬사를 받을 만큼 뛰어난 자질과 탁월한 문장력을 갖추고 있던 마키아벨리는 스물아홉이라는 젊은 나이에 피렌체 공화국 제2서기관이 됩니다. 광신적인 수도사 사보나롤라가 처형당한 해였습니다. 1494년 프랑스 왕 샤를 8세가 나폴리 왕국의 왕위 계승권을 주장하며 이탈리아를 침공하자 약소국인 피렌체는 불안에 떨어야 했습니다. 이 혼란한 시기에 도미니크회 수사 사보

마키아벨리 초상화

나롤라가 시민들을 선동하여 집권 세력인 메디치가*를 몰아냈습니다. 초기에 사보나롤라는 급진적인 개혁을 내세우며 민심의 호응을 얻었습니다. 그러나 종교적으로 지나치게 엄격한 정책을 밀어붙이는 바람에 경제적 위기를 초래했고 급기야 처형당하는 신세로 전락하고 말았습니다.

사보나롤라의 몰락 이후 제2서기관에 오른 마키아벨리는 주로 피렌체의 외교 업무와 전쟁 업무를 담당했습니다. 그는 외교 활동을 통해 주변의 다양한 정치가들과 권력자들을 관

* 13세기부터 17세기까지 피렌체에서 가장 유력하고 영향력이 높았던 가문이다. 당대의 학문과 예술을 후원하여 피렌체를 르네상스 운동의 중심지로 만든 가문으로 유명하다.

찰하면서 냉혹한 국제 현실을 실감하게 됩니다. 그 무렵의 피렌체는 상업적으로 번창하긴 했지만 영토가 협소하고 군사력도 미약한 약소국이었습니다. 마키아벨리의 염원은 프랑스나 스페인 같은 주변 강대국들에 더 이상 휘둘리지 않는 부강한 피렌체를 건설하는 것이었습니다. 그러나 영토도 군사력도 부족한 피렌체가 믿을 구석은 정치와 외교뿐이었습니다.

〈군주론〉의 한 대목에서 프랑스 궁정의 실력자인 당부아즈 추기경이 "이탈리아인들은 도통 전쟁을 할 줄 모르지요."라며 피렌체를 깔보는 말을 하자 마키아벨리가 "프랑스인들은 정치를 모릅니다."라고 맞받아친 것도 이 때문입니다.

이상적인 군주의 전형을 목격하다

1502년 마키아벨리는 체사레 보르자와 역사적인 만남을 가집니다. 교황 알렉산더 6세의 아들이자 발렌티노 공작이며 로마교회군의 총사령관이었던 보르자는 무서운 속도로 세력을 확장해 가던 실질적인 권력자였습니다. 마키아벨리는 냉혹하면서도 다분히 현실적인 보르자에게서 훗날 〈군주론〉에 등장하는 이상적인 군주의 모습을 발견합니다.

그는 피렌체 사신 자격으로 3개월간 로마에 머물러 있는 동안 반란을 일으킨 용병대장들을 제압하는 보르자의 책략에 깊은 인상을 받습니다. 피렌체로 보낸 보고서에서 그는 보르자에 대해 다음과 같이 평가했습니다.

이 영주는 정말 실력이 뛰어나며 멋진 인물입니다. 전쟁에 임할 때 더욱 그 진가가 드러납니다. 승리의 영광을 차지하고 영토를 확장하기 위해 결코 쉬는 법이 없습니다. 위험도 불사하고 피곤함도 개의치 않습니다. 그는 장소를 신속히 이동하는데 아무도 그의 이동을 눈치 채지 못합니다. 그는 부하들 사이에서 인기가 높고 그 부하들은 이탈리아에서 제일 가는 전투력을 가지고 있습니다. 이 모든 조건 때문에 그는 항상 승리를 차지하고 있으며 무서운 존재가 돼버렸습니다. 행운의 여신이 보내는 빛이 항상 그의 앞길을 비추고 있습니다.

체사레 보르자를 가까이서 관찰한 마키아벨리는 무릇 지도자란 필요에 따라 냉혹해지고 권모술수도 사용할 줄 알아야 하며, 비난이나 악평쯤은 개의치 않아야 한다는 것을 깨닫게 됩니다.

마키아벨리는 모든 인간은 악하다는 성악설적인 입장을 보입니다. 그 당시 이탈리아 인문학자들은 인간을 선한 존재로 여기는 르네상스 시대의 성선설을 지

체사레 보르자

지했지만 마키아벨리가 바라보는 인간은 '은혜도 모르고, 변덕이 심하며, 위선자인데다 뻔뻔스럽고, 신변의 위험을 피하려 하고, 물욕에 눈이 어두워지기 마련인' 악한 존재였습니다.

마키아벨리가 보기에 체사레 보르자는 이기적이고 변덕스럽고 위선적인 인간들을 냉혹하게 무력으로 통제하여 혼란을 막을 줄 아는 이상적인 군주였습니다. 그는 보르자를 지켜보며 이렇게 말했습니다.

"군주가 국가를 지키려 한다면 때로는 어쩔 수 없이 진실과 자비, 인간애와 종교에 반하여 행동할 필요가 있다."

1512년 교황과 연맹을 맺은 스페인 연합국과 프랑스 간에 발생한 전쟁으로 피렌체 공화국은 풍전등화의 운명에 처합니다. 그 여파로 프랑스에 의존했던 피렌체 공화정이 무너지고 교황과 스페인의 지원을 받은 메디치가의 군주정이 다시 복귀합니다. 마키아벨리는 제2서기관에서 파직됨과 동시에 피렌체 외곽으로 추방됩니다. 1513년에는 메디치가에 반역을 꾀하는 음모에 가담했다는 혐의로 투옥되어 모진 고문을 받습니다. 그러나 다행히 조반디 메디치가 교황 레오 10세로 즉위하면서 특별 사면을 받게 됩니다.

필요할 때 주저 없이 사악해져라

1513년 특별 사면으로 풀려난 마키아벨리는 공직에서 물러나 일체의 정치행위를 금지당한 채 산트 안드레아의 작은 농장에서 칩거합니다.

그렇게 14년 동안 농장에 은둔해 지내면서 그는 〈군주론〉과 〈로마사 논고〉 같은 주요 작품들의 집필에 몰두합니다. 대표작인 〈군주론〉에서 마키아벨리는 "나는 나 자신보다 내 조국 피렌체를 더 사랑했다."라면서 피렌체의 부국강병을 꿈꾸며 강력한 군주 통치를 주장합니다.

1550년도판 〈군주론〉 표지

마키아벨리는 냉혹한 현실주의의 시각으로 정치를 도덕과 연결시키지 않았습니다. 이는 곧 도덕과 명분을 강조하던 중세 정치론과의 단절을 뜻하는 것이기도 했습니다. 그는 현실적인 정치의 필요성에 대해 이렇게 말했습니다.

인간이 어떻게 사느냐는 인간이 어떻게 살아야 하느냐와 너무나 다르기 때문에 일반적으로 행해지는 것을 행하지 않고 마땅히 해야 하는 것을 고집하는 군주는 권력을 유지하기보다 잃기 쉽다. 어떤 상황에서나 선하게 행동할 것을 고집하는 자는 많은 무자비한 자들에게 둘러싸여 몰락을 자초할 수밖에 없다. 따라서 권력을 유지하고자 하는 군주는 필요하다면 부도덕하게 행동할 태세가 되어 있어야 한다.

마키아벨리는 군주의 자질을 갖추려면 냉혹한 현실을 있는 그대로 바라보면서 냉정하게 판단할 줄 알아야 한다고 생각했습니다. 그는 모든 도덕적인 관점을 배제하고 철저히 현실에 따라 행동할 것을 군주에게 요구합니다. 그리고 유능한 군주가 되려면 때때로 짐승이 되어 사자의 힘과 여우의 간교함을 갖추어야 한다고 역설합니다. "군주는 함정을 알아채기 위해 여우가 되어야만 하고, 늑대에게 겁을 주기 위해 사자가 되어야만 한다."

마키아벨리는 군주의 덕목과 전통적인 기독교의 미덕을 구분합니다. 기독교에서는 겸손과 정직과 동정심을 강조하지만 군주는 기민함과 냉철함, 단호함 등의 자질을 갖추어야 합니다. 또한 국가와 국민의 안전과 행복을 위해서라면 폭력과 속임수도 서슴지 않아야 합니다. 냉혹한 국제 관계에서 군주에게 정작 중요한 것은 선한 의지가 아니라 좋은 결과이기 때문입니다. 그래서 군주가 기본적으로 갖추어야 할 도리에 대해 그는 이렇게 주장합니다.

군주된 자는, 특히 새롭게 군주의 자리에 오른 자는, 나라를 지키는 일에 곧이곧대로 미덕을 지키기는 어려움을 명심해야 한다. 나라를 지키려면 때로는 배신도 해야 하고, 때로는 잔인해져야 한다. 인간성을 포기해야 할 때도, 신앙심조차 잠시 잊어버려야 할 때도 있다. 그러므로 군주에게 는 운명과 상황이 달라지면 그에 맞게 적절히 달라지는 임기응변이 필요하다. 할 수 있다면 착해져라. 하지만 필요할 때는 주저 없이 사악해져라. 군주에게 가장 중요한 일이 무엇인가? 나라를 지키고 번영시키는 일이다. 일단 그렇게만 하면, 그렇게 하기 위해 무슨 짓을 했든 칭송 받게 되며, 위대한 군주로 추앙 받게 된다.

그러나 군주의 부도덕한 행동을 용인하는 〈군주론〉은 '목적이 수단을 정당화한다'는 오해를 사며 오랫동안 푸대접을 받았습니다. 교황 파울루스 4세는 '기독교도에게는 적당치 않다'며 금서로 지정했으며, 프로이센의 군주 프리드리히 2세는 '정치가에게 악덕을 권하는 책'이라고 맹렬히 비난했습니다.

1520년 메디치 궁정에서 은둔생활을 하던 마키아벨리를 다시 불러들여 사료 편찬관으로 임명했습니다. 그는 교황 클레멘스 7세의 신임을 얻어 요새를 방비하는 5인 위원회의 책임자로 활동하기도 했습니다. 그러다 1527년 카를 5세의 에스파냐 군의 침략으로 메디치가의 후원자였던 교황이 몰락하고 새롭게 공화정*이 복원됩니다. 공화주의자였던 마키아벨리는 예전의 관직으로 다시 복귀하길 소망했지만 이번에는 메디치가의 일원으로 간주되어 버림을 받습니다. 좌절과 낙담에 빠져 있던 마키아벨리는 새로운 공화정이 설립되자마자 병에 걸렸습니다. 그리고

* 군주제와 상대되는 개념으로 복수의 주권자가 통치하는 정치체제를 말한다. 근대 이전에는 그리스 도시국가, 고대 로마, 르네상스 시대의 이탈리아 도시국가 등이 공화정을 채택했다.

1527년에 쉰여덟 살의 나이로 세상을 떠났습니다.

마키아벨리는 사망 다음날 피렌체 산타크로체 성당에 묻혔습니다. 나중에 조각가 이노센조 스피나치는 그의 묘비명에 라틴어로 이렇게 적었습니다.

'어떤 찬사도 이처럼 위대한 이름에 적합하지 않다.'

한 줄로 읽는 마키아벨리

· 목적을 위해서라면 수단과 방법을 가리지 않는 정치술인 '마키아벨리즘'으로 유명하다.
· 필요에 따라 권모술수를 사용할 줄 아는 체사레 보르자에게서 이상적인 군주상을 발견했다.
· 군주는 사자의 힘과 여우의 간교함을 모두 갖추어야 한다고 말했다.
· 냉혹한 현실정치에서 승리하려면 군주의 덕목과 기독교의 미덕을 구분할 줄 알아야 한 다고 주장했다.

인간은 인간에게 늑대이다

토머스 홉스
Thomas Hobbes 1588~1679

요즘은 그렇지 않지만, 예전에는 학교에 등교할 때, 교문 앞에서 국기게양대를 향하여 가슴에 손을 얹고 국기에 대한 맹세를 하고 나서야 교문을 들어설 수 있었던 때가 있었습니다. 이제는 이렇게 묻고 싶습니다. 국가가 무엇이기에 내 목숨과 온 마음을 다 바쳐야 하는 걸까? 국민을 이루는 한 사람 한 사람의 '나'를 떠나서 '국가'라고 하는 실체가 따로 있는 걸까? 모든 국민이 국가를 위해 몸을 바친다면, 그 후에 남아서 번영하는 국가는 대체 누구를 위한 것일까?

오늘날의 대한민국은 더 이상 이런 방식의 충성을 강요하지는 않지만 아직도 일상생활 곳곳에서 개인의 자유와 국가의 통제가 갈등을 빚는 상황이 벌어지고 있고, 그럴 때마다 국가의 의미를 생각하게 됩니다. 국가는 무슨 근거로 개인의 자유와 재산권을 제한하며 국민을 통제하는 것일까? 국가 속에 개인들이 존재하는 것일까, 아니면 개인들 속에 국가가 존재하는 것일까?

그런데 개인과 국가의 관계에 대한 이러한 논의는 근대 민주주의 국가관이 형성되기 이전에는 불가능했습니다. 중세 봉건시대에는 대부분의 사람들이 농노 신분으로, 토지와 더불어 영주의 재산처럼 여겨졌습니다. 절대군주가 등장한 이후에는 국가는 왕의 것이고 왕은 그 권리를 신으로부터 받았다는 왕권신수설이 통용되어, 절대적 권력을 가진 군주가 신의 대리인으로서 국민들의 생사여탈권을 쥐고 있었습니다. 그러니 개인과 국가를 대등하게 여긴다는 것은 상상조차 할 수 없는 일이

었습니다. 여기서 국가와 개인을 대등한 계약 관계로 바라보며 근대 민
주주의 국가관의 단초를 제공한 선구자가 바로 토머스 홉스입니다.

물질로 이루어진 세상

토머스 홉스는 1588년에 영국 서남부의 웨스트포트라는 작은 마을에
서 태어났습니다. 홉스의 어머니는 임신 중에 스페인의 무적함대가 영
국을 공격하러 오고 있다는 소식을 듣고 너무 놀라 임신 7개월 만에 홉
스를 낳았는데, 이를 두고 홉스는 나중에 '나는 공포와 쌍둥이'라고 회
고했다고 합니다.

이 일화는 홉스가 그의 정치철학의 제1목표를 개인의 생존권 확보와
평화로운 삶에 두고 있는 것과 무관하지 않습니다. 전쟁과 내란, 혁명의
시대를 살아가며, 언제 죽을지 모르는 공포 속에서 홉스가 소망하고 추
구했던 가장 절실한 가치가 바로 '평화로운 삶'이었습니다. 그 결과 죽
음의 공포 속에서 개인들이 자신의 생명과 안전을 위해 국가와 계약을
맺었다는 사회계약론이 홉스 정치 철학의 핵심이 됩니다.

이러한 홉스의 사회계약론의 밑바탕에는 자연과 인간에 대한 그의
독특한 사상이 깔려있습니다. 세상은 오직 물질로만 이루어져 있다는
유물론적 세계관, 그리고 존재하는 것은 오직 개별자들일 뿐, 보편적인
것은 단지 이름에 불과하다는 유명론*이 그것입니다. 그리고 홉스의 이
러한 사상이 근대 시민국가의 탄생에 크게 기여했습니다.

홉스는 근세 유럽 최초의 유물론자로 알려져 있습니다. 유물론은 이 우주가 오직 물질로만 이루어져 있다는 사상으로, 정신의 실재성을 부정합니다. 고대 그리스의 데모크리토스와 로마의 에피쿠로스, 루크레티우스 등이 유물론을 주장했습니다. 하지만 기독교 등장 이후 1500년 동안 유물론은 잊혀져 왔습니다.

홉스는 갈릴레이와 데카르트의 학문적 업적으로부터 많은 영향을 받았습니다. 하지만 실체를 정신과 물질로 구분한 데카르트의 이원론을 부정하면서 정신의 속성인 '사유'를 물질의 속성인 '연장'으로 환원시켜 일원론적인 유물론을 주장하였습니다. 예를 들어 데카르트의 '나는 생각한다. 그러므로 존재한다.'라는 명제로부터 '나는 생각하는 자다.'라는 결론이 나올 수는 있지만, '나는 정신이요, 영혼이요, 오성이요, 이성이다.'라는 결론은 나오지 않는다고 반박합니다.

* 유명론은 실재론과 대립하는 개념으로 명목론이라고도 한다. 실재론은 진실로 존재하는 것은 보편적인 것(예를 들면 플라톤의 이데아)이라고 보는 반면, 유명론은 오직 개체들만이 실재한다고 주장한다. 예를 들면 '꽃'이라는 것은 많은 구체적인 꽃들로부터 추상하여 주어진 개념 혹은 기호로서, 개별적인 꽃들을 떠나 별도로 보편적인 꽃이라는 것은 없다는 것이다.

왜냐하면 '생각한다'는 것은 일종의 행동 (작용)에 지나지 않는데, 이 행동이 바로 어떠한 실체를 의미한다고 볼 수는 없기 때문입니다. '생각함'에 대해서 우리가 관찰할 수 있는 사실은 단지 '사유'라는 현상이 일어나고 있다는 사실뿐, 그것이 어떤 존재임을 확인할 수는 없다는 주장입니다. 그래서 홉스는 신체 이외에 자아라는 것은 존재하지 않는 점을 강조합니다.

홉스는 '생각함'뿐 아니라 감각이나 기타의 심리 현상을 모두 신체적 운동의 결과로 보았습니다. 그는 물질과 운동의 기계론적 법칙의 지배를 받지 않는 정신적 실재가 있다는 생각을 거부합니다. 그는 관념을 '쇠약해진 감각', 즉 그 전에 있던 감각의 잔상이라고 정의합니다. 오늘날 의학과 뇌과학에서 정신 현상을

토마스 홉스를 그린 판화

화학물질과 전기신호로 설명하는 것도 홉스와 같은 유물론적 입장이라 할 수 있습니다.

홉스의 유물론은 철저히 과학적 사고에 기반하고 있습니다. 홉스는 철학이란 이미 알려져 있는 원인을 바탕으로 해서 어떠한 현상을 합리적으로 인식하는 것이고, 또한 이미 알려져 있는 작용이나 현상을 바탕으로 해서 그 근거를 합리적으로 인식하는 것이라고 말합니다. 그런데 작용과 현상은 물체의 성질이나 능력입니다. 따라서 철학은 오직 물체의 성질과 물체의 발생에만 관계가 있을 뿐이며, 물체가 아닌 신이나 영원한 것, 창조되지 않은 것 등 파악되지 않는 것은 철학의 대상이 아닙니다.

홉스는 기존의 전통 철학이 불합리하고 무의미한 말장난에 지나지

않았다고 비판합니다. 왜냐하면 원인과 결과에 대한 참된 추론의 방식이 아니기 때문입니다. 홉스는 기독교 스콜라 철학에서 금과옥조로 여기는 아리스토텔레스의 목적론적 운동개념을 거부하고 갈릴레이의 기계론적 운동개념을 채택합니다. 사물의 존재나 운동이 어떤 목적을 향한 것이라고 판단할 아무런 근거도 우리는 경험적으로 관찰할 수 없기 때문입니다. 그래서 그는 자연의 운행이 신의 의도나 어떠한 목적에 따른다는 목적론적 설명을 거부합니다.

유물론자인 홉스는 이처럼 이 세계에 존재하는 모든 것을 운동하는 물체로 바라봅니다. 인간은 특수한 종류의 물체이며, 국가는 이 특수한 종류의 물체가 질서 있게 조직된 것입니다. 결국 그가 생각하는 철학의 사명은 물체의 성질과 운동의 법칙을 이해하는 것이 전부입니다.

만인에 대한 만인의 투쟁

홉스에 따르면, 인간도 하나의 물체입니다. 또한 동물과 다르지 않으며 단지 활동과 작용에 있어 정도의 차이가 있을 뿐입니다. 그는 인간의 행위를 물리적 현상으로 설명합니다. 우리의 신체가 외부로부터 어떠한 자극을 받으면 이 자극은 신경이나 근육을 거쳐 뇌와 심장에 전달되고, 이때 우리 신체의 내부에서는 이러한 외부의 압박에 대한 저항이나 자신을 지키려는 노력이 생깁니다. 이것이 우리 신체 내부의 '외부를 향한 노력'이고, 이러한 노력이 바로 감각입니다. 즉, 감각은 외부 압력에 대한 우리 신체의 반응인 것입니다.

홉스는 '노력(endeavor)'이라는 개념으로 인간의 내부에서 일어나는 운동의 시작을 설명하는데, 이는 물체들 속에서 운동의 시작을 설명하는 개념인 '코나투스(conatus)*'와 같은 개념입니다. 물체의 운동 원리인 코나투스를 인간 신체에 적용하여 '노력'의 개념으로 바꾸어 말한 것입니다. 코나투스 개념은 이후에 스피노자의 사상에도 큰 영향을 미칩니다. 스피노자는 인간의 본질을 코나투스, 즉 자기보존의 노력으로서의 욕망이라고 주장했습니다.

* '노력'을 의미하는 라틴어 '코나투스(conatus)'는 17세기 철학자들 사이에서 대체로 '순간적인 직선 운동의 경향(데카르트)'이나 '운동의 무한소적인 시초(홉스)', '방향을 고려한 속도로서의 파생적 힘(라이프니츠)'을 가리키는 물리학 용어로 쓰였다. 스피노자는 이를 "자기 존재 유지"의 노력으로 재정식화하고, 형이상학부터 자연학, 심리학, 정치학, 윤리학을 관통하는 근본 원리로 일관되게 사용하였다. 특히 스피노자는 코나투스를 인간을 비롯한 모든 개체의 "현행적 본질"로 간주하고, 자기를 파괴하는 것에 저항하고 자기 실존을 정립하는 활동적 성격이라고 본다.

이와 같이 홉스는 인간의 행위를 외부의 작용에 반응하여 감각적 욕구에 따라 행동하는 일종의 기계작용으로 바라봅니다. 그런데 우리는 감각적인 느낌 중에서 유쾌함을 주는 것은 긍정하고, 불쾌함을 주는 것은 가치 없는 것으로 부정합니다. 홉스는 인간의 이러한 물리적 특성에 근거하여 '인간'을 다음과 같이 규정합니다.

인간은 본질적으로 이기적이고 자기 생명을 보호하기 위해서는 어떤 일도 할 수 있는 준비가 되어 있으며, 때때로 공격적이고 파괴적인 행위도

1642년 〈시민론〉 초판 권두 삽화

서슴지 않는 반사회적 성격을 지니고 태어난 존재다.

그런데 홉스는 인간이 본래 이기적인 존재이지만, 그것이 그 자체로 악은 아니라고 주장합니다. 이 모든 것이 자기 자신을 보호하려는 욕구나 감정으로부터 나오는 것이며, 인간의 욕구나 정념은 그 자체로 죄악이 아니라는 것입니다. 선과 악을 결정하는 것은, 그 행위 자체에 적용되는 어떤 절대적 기준이 아니라 사회적 관계에 의해 정해진다는 것이 홉스의 기본적인 생각입니다.

나의 이기적인 욕구가 그 사회의 다른 많은 사람들에게 이익이 된다면 선이고, 그렇지 않다면 악입니다. 즉, 선악이란 사회가 낳은 산물인 것입니다. 그렇다면 국가나 사회, 법과 도덕이 형성되기 이전에 이렇게 이기적이고 자기 보존만을 위해 노력하는 인간들의 삶은 어떠했을까요? 홉스는 이를 '자연 상태'라고 부릅니다.

자연 상태에서 인간은 자기보호를 위해 어떤 일도 할 수 있으며, 심지어 다른 사람의 생명을 빼앗을 수 있는 자유와 권리가 있습니다. 자기보호는 모든 사람이 추구하는 궁극적 목적이기 때문에 이 목적을 위해서는 어떤 수단을 동원하더라도 정당하다는 것입니다. 더욱이 자연 상태에서는 아직 도덕과 법률이 만들어지지 않았기에 부도덕이나 위법성도 존재하지 않고, 오직 '자연권'이라는 이름으로 자유와 권리가 무제한으로 확대될 수 있을 뿐입니다.

홉스가 의미하는 자연권이란 '각 개인이 자기 자신의 힘을 자기 자신의 본질을 지키기 위하여 자기 마음대로 사용할 수 있는 각자의 자유'입니다. 그러나 모든 개인들에게 오직 자연권만 있고 개인 간의 관계를 조율할 공정하고 합법적인 재판관이 없다면, 인간은 자신의 생명과 이익을 지키고자 스스로 법이 되어 서로 투쟁하게 될 것입니다. 즉, 자연의 상태에서 '만인은 만인에 대해서 적'이며, '인간은 인간에 대해 늑대와 같고', 지속적으로 폭력과 죽음에 대한 공포를 느끼며 살아가게 되는 것입니다. 홉스는 이러한 자연 상태에서의 인간의 삶을, "인간의 삶은 고독하고, 비참하고, 괴롭고 짧다."고 표현합니다.

그렇다면 이렇게 비참한 자연 상태에서 인간은 어떻게 자기 자신을 보호할 수 있을까요? 다행스럽게도 인간은 이성을 가진 존재이므로, 자기 보존을 위한 욕망과 투쟁이 결국 자기 자신을 파멸시킬 것이라는 것을 알게 되고, 자신의 생명과 안전을 위해서 해야 할 일과 해서는 안 되는 일들을 이성적으로 구분할 수 있습니다. 이러한 이성의 규율, 혹은 법칙들을 자연법이라고 합니다.

자연법의 제1원칙은 모든 수단을 강구하여 평화를 추구해야 한다는 것입니다. 이를 위해 인간은 독립된 개인으로서 행동하기를 중지하고, 타인과의 계약을 통해 사회를 평화롭게 다스릴 수 있는 권력에게 그들의 모든 자연적 권리를 내맡겨야 한다는 생각을 하게 됩니다. 그 결과 만인의 만인에 대한 투쟁의 상태에서 생명의 위협과 공포를 느낀 개인들이 서로 합의하여, 모든 구성원들의 안전하고 평화로운 삶을 보증할 수 있도록 모종의 장치를 고안하는데, 그것이 바로 국가입니다.

리바이어던, 국가의 출현

자연 상태의 공포로부터 벗어나기 위해서, 즉 자연법의 제1원칙인 '평화'를 추구하기 위해서 개인들은 자연권의 상당 부분을 포기하는 데 동의하게 됩니다. 그러나 대부분의 경우 이 자연법을 안심하고 지킬 수 없게 됩니다. 왜냐하면 다른 사람들도 다 같이 그 법칙을 지킬 거라는 보증이 없는 한, 나 홀로 그 법칙을 지켜야 할 이유가 없기 때문입니다. 이 자연의 법칙은 어떤 의무나 강제 사항이 아니라 개인들 간의 자발적인 동의에 의한 것이기 때문에, 설령 지키지 않는다 해도 이를 강제할 방법이 없습니다.

이렇듯 개인들 간의 동의인 예비적 계약 단계에서는 누구도 실질적인 안전을 보장받을 수 없습니다. 그렇다고 늑대 같은 이기주의자들 사이에서, 순진하게 남들의 공격 앞에 자신을 내놓을 수도 없는 노릇입니다. 여기서 간단한 해결책은 아무도 감히 이 계약을 위반할 수 없도록 강력한 대리인을 세우는 것입니다. 모든 개인들이 계약을 위반함으로써 얻는 이득보다 위반했을 때 겪게 되는 처벌이 훨씬 더 크다면 아무도 계약을 위반하지 않겠지요. 결국 이러한 이유로 평화를 원하는 개인들 간의 계약을 통해 국가라는 통치권이 탄생합니다.

사회 계약에 의해 일단 국가 권력을 성립시키고 나면 각 개인은 그 권력에 절대 복종해야 합니다. 사람들이 자신의 자연적 권리를 군주에게 바치면서 공민*이 되는 것입니다. 개인들이 자신의 생존권과 안전을 담보로 자연권을 국가에 양도하는 이 동의가 두 번째 계약인 정치적 계약입니다.

홉스는 국가의 통치권이 절대적이어야 한다고 주장합니다. 국가가 마치 무시무시한 바다의 괴물인 리바이어던**과 같은 존재가 되어 절대 권력을 가지고 공민으로부터 절대 복종을 받아야 한다는 것입니다. 그 이유는 권위가 분할되면 또 다른 절대적 권위가 나타날 때까지 사람들은 서로 다투는 전쟁 상태로 다시 돌아갈 것이기 때문입니다. 홉스가 보기에, 아무리 결함이 많은 정부라도 그것이 없는 자연의 상태보다 좋으며, 따라서 비록 나쁜 정부일지라도 그것을 타도하는 것은 도덕적으로 옳지 않은 일입니다.

이렇게만 보면 홉스가 군주의 독재와 횡포를 정당화하는 주장을 하는 것처럼 보입니다. 그러나 홉스는 절대적 권력을 가진 통치자에게도 반드시 지켜야 할 의무가 있음을 지적하고 군주의 한계를 크게 세 가지로 제시합니다.

첫째, 통치권 자체가 국민들의 약속과 동의로부터 나왔으므로 절대적 통치권에는 한계

* 국가의 일원으로 그 나라 헌법에 근거하여 모든 권리와 의무를 가지는 자유민.

** 구약성서 욥기 41장에 나오는 바다의 괴물 이름이다. 이 세상에서 그 누구도 맞설 수 없는 무시무시한 공포의 대상으로 알려져 있다.

국가라는 거대 괴물, 리바이어던

가 있다는 것입니다. 통치자는 정치적 행위에 있어서 주체(국민)를 대신하는 대리인에 불과하며, 따라서 국민(주체)들에게 해로운 일을 할 수 없습니다.

둘째, 국민들은 자기보호라는 목적을 달성하기 위해 비록 자신의 권리를 대부분 통치자에게 양도하지만 전부 양도한 것은 아니며, 따라서 자기 생명을 위협하는 경우에는 군주에게 저항할 수 있는 권리가 있고, 이 권리는 양도의 대상이 되지 않는다는 것입니다.

셋째, 통치권자가 소유하고 행사할 수 있는 권리는 수단이며, 이것은 국민의 안전과 평화 추구, 그리고 개인들의 생명 보존이라는 목적에 의해 제한된다는 것입니다.

만일 어떤 군주나 국가가 국민으로부터 부여받은 가장 중요한 임무인 '국민의 안전과 평화 수호'를 등한시하거나 실패했을 때, 과감히 새로운 대리인(통치자)을 세워야 한다고 홉스는 주장합니다. 그는 절대군주제를 주장하고 독재정치를 인정했지만 주권이 시민에게 있다는 점은 명확히 했습니다. 따라서 국가의 주권은 국민으로부터 나오며, 통치자의 사명은 국민의 생명과 안전, 평화를 지키는 것이라는 그의 정치사상은 오늘날의 민주주의가 지향하는 목표와 크게 다르지 않다고 할 수 있습니다.

'맘즈베리의 악마'의 마지막 여행

1651년 예순세 살의 홉스는 〈리바이어던〉을 출간합니다. 그러나 이 책은 출간되자마자 '맘즈베리의 악마'로 불리며 거센 비난을 받습니다. 당시에 왕권을 지지하던 교회를 강하게 비판했기 때문입니다. 그 무렵 영국의 정치적 상황도 큰 변화를 겪습니다. 청교도혁명을 통해 군주제를 지지하는 왕당파를 물리치고 공화정을 세웠던 크롬웰이 1658년에 병으로 사망하면서 공화정이 무너지고 1660년에 찰스 2세가 다시 왕으로 등극하는 왕정복고가 일어난 것입니다.

물론 왕권을 지지하던 홉스는 10여 년의 망명 생활 끝에 왕위로 복위한 찰스 2세의 왕 등극을 환영했습니다. 그러나 홉스의 변절을 의심한 왕당파는 홉스를 무신론자로 고발하고, 〈리바이어던〉도 금서로 지정했습니다. 이에 신변의 위협을 느낀 홉스는 자신의 소품을 모두 불태워버렸다고 합니다.

그 이후 정치권에서 한 발 물러난 홉스는 여든이 넘은 고령의 나이에도 불구하고 호메로스의 작품을 영어로 번역하는 작업에 매달려 1673년에 〈오디세이아〉를, 1676년에 〈일리아드〉를 번역 출간합니다. 그리고 몇 년 동안 카벤디쉬 집안의 영지에서 기거하며 남은 생애를 보냅니다.

1679년 10월부터 홉스는 '배뇨 곤란'이라는 질병으로 앓아눕게 됩니다. 그 이후 병은 점점 악화되어 1679년 12월 4일에 홉스는 91세의 나이로 기나긴 생의 여정을 마칩니다. 그는 마지막 유언으로 이 말을 남겼습니다.

"이제 나는 나의 마지막 여행으로 어둠 속에서 크게 한 걸음 내딛고자 한다."

현재 홉스의 유해는 올트 허크넬의 작은 교회 제단에 묻혀 있습니다.

한 줄로 읽는 홉스

• 국가와 개인을 대등한 계약 관계로 바라본 사회계약설을 주장하여 근대 시민국가 탄생에 기여했다.
• 원래 이기적인 인간은 자연 상태에서 서로 싸우는 적이므로 평화를 보장해 주는 국가가 필요하다고 주장했다.
• 국가는 무시무시한 리바이어던처럼 절대 권력을 가지고 공민을 통치해야 한다고 역설했다.
• 군주의 독재와 횡포를 정당화하는 것처럼 보이지만 주권은 시민에게 있다는 점을 명확히 했다.

나는 생각한다, 그러므로 존재한다

———

르네 데카르트
René Descartes 1596~1650

오늘날을 살아가는 현대인들은 어렸을 때부터 과학적이고 합리적인 사고를 훈련받아서 웬만해서는 미신이나 비과학적인 것을 믿지 않습니다. 그렇다면 옛날 사람들은 어땠을까요? 벼락이나 홍수 같은 자연재해나, 사고에서 기적적으로 살아남는 행운 등을 모두 신의 뜻으로 생각하던 시절이 있었습니다. 특히 서양의 중세에는 자연 현상은 물론 도덕적 선악의 문제도 신의 섭리로 이해하려는 기독교적 세계관이 지배적이었습니다.

데카르트는 바로 이러한 중세 기독교적 세계관이 막바지에 이르렀던 역사적 전환기에 살았습니다. 물리학과 천문학 등의 자연과학과 수학이 새롭게 발전하던 시기였습니다. 특히 이 시기에는 코페르니쿠스*와 케플러**, 갈릴레오와 같은 과학자들의 연구 방법과 성과가 전통적 세계관을 뒤흔들었습니다. 중세의 기독교 교조주의와 신앙에서 벗어나, 자연과학을 기초로 한 '인간의 지식'에 눈을 뜨기 시작했기 때문입니다. 다시 말해, 데카르트가 활동했던 시대는 신 중심의 세계관으로부터 과학적이고 합리적인 인간의 이성 중심의 세계관으로 전환되는, 가치관의 혼란기였습니다.

데카르트는 이처럼 새롭게 떠오르고 있는 과학적 지식을 받아들여, 과학적이고 또 수학적인

----
* 코페르니쿠스(1473~1543)는 사후에 발간된 〈천구의 회전에 관하여〉에서 지구도 유성의 하나이며 다른 유성들과 같이 태양 둘레를 돌고 있다며, 프톨레마이오스의 천동설에 반대되는 지동설을 주장했다.

** 케플러(1571~1630)는 코페르니쿠스의 지동설에서 한 걸음 더 나아가 수학적 계산으로 행성의 운동 원리를 정리한 '케플러의 법칙'으로 유명하다.

방법으로 인간과 우주를 탐구했습니다. 그가 탐구한 것은 모든 불확실한 믿음이나 불완전한 감각 경험 등을 배제하고, 합리적 이성을 통하여 더 이상 의심할 수 없는 확실한 지식의 원리였습니다. 그리고 이 원리로부터 참된 지식의 체계를 구축해 나가기 시작했습니다. 이러한 데카르트의 시도는 이후 수백 년간 서양의 정신사에 막대

데카르트 초상화

한 영향을 끼쳤으며, 그래서 현대의 많은 학자들은 그를 '서양 근대철학의 아버지'라고 부르고 있습니다.

세계라는 책에서 배우다

데카르트는 프랑스의 투레느라는 곳에서 귀족 가문에 태어났습니다. 열 살에 '라 플레슈'라는 예수회 신학교에 들어가 정규교육을 받았는데, 몸이 허약해서 수업을 자주 빼먹었다고 합니다. 그런데 어린 데카르트는 탁월한 수학적 재능을 가지고 있었습니다. 덕분에 그는 엄격한 학교 규율에도 불구하고 아침 수업에 참석하지 않고 침대에 누워 시간을 보내는 특별대우를 받곤 했습니다.

나중에 성인이 되어서도 데카르트는 허약한 체질 때문에 침대에 누

워서 사색하는 시간이 많았습니다. 수학에서 아주 중요한 개념인 X-Y-Z 좌표계를 창안한 것도, 침대에 누워 천장에 붙어 있는 파리의 위치를 정확히 표시할 방법을 궁리하다가 알아냈다고 합니다.

학교를 졸업한 데카르트는 학교교육에 문제가 많다고 생각하고 세상을 배우러 여행을 떠납니다. 그가 다닌 예수회 학교에서 전통적인 기독교 신학과 신학을 옹호하는 철학만을 주로 가르친 반면 새롭게 등장한 과학은 금지하고 있었기 때문입니다. 데카르트는 '나 자신과 세계라는 커다란 책에서 찾아낼 수 있는 학문 이외에는 어떠한 다른 학문도 탐구하지 않겠다.'고 결심하고, 진실한 학문을 새로 개척하기 위한 여정에 들어섰습니다.

1618년 '30년전쟁'* 이 시작될 무렵에는 자원해서 군대에 입대하여 복무하며 나름의 철학적 연구를 수행합니다. 훗날 서양철학의 역사를 바꿀 정도로 위대한 발견인 '나는 생각한다. 그러므로 존재한다.'라는 명제도 이 시기의 경험이 바탕이 되었다고 합니다.

군대를 제대하고 프랑스와 이탈리아를 두루 여행하며 다양한 문물을 익힌 후 데카르트는 네덜란드에 정착합니다. 여기서 20년간 은둔 생활을 하며 철학연구와 저술에 몰두합니다. 그런데 당시 가톨릭 교회와 일부 개신교 교회들은 데카르트의 사상을 기존 권위에 반하는 위험한 것으로 판단하여 탄압하기 시작합니다.

* 1618년~1648년 30년동안 유럽에서 로마 가톨릭교회를 지지하는 국가들과 개신교를 지지하는 국가들 사이에서 벌어진 종교 전쟁이다.

데카르트의 대표작인 〈방법서설〉도 금서목록에 오릅니다. 특히 〈세계론〉이라는 책을 저술했을 때에는 갈릴레이의 유죄 판결에 대한 소식을 듣고 원고를 모두 불태웠다고 합니다.

그 무렵 종교적으로 비교적 자유로운 나라인 스웨덴의 크리스티나 여왕이 데카르트를 초빙합니다. 철학을 배우고 싶다는 여왕의 요청에 데카르트는 스웨덴으로 떠납니다. 그러나 불행하게도 데카르트는 스웨덴 여왕에게 철학을 가르치다가 폐렴에 걸려 54세의 나이에 세상을 떠나게 됩니다.

방법적 회의

철학(philosophy)이란 원래 '지혜에 대한 사랑'이라는 뜻입니다. 고대 그리스 이래로, 진리를 사랑하고 끊임없이 참된 지식을 탐구하며 여기에 전념했던 사람들을 철학자라고 불러왔습니다. 데카르트의 궁극적인 목표도 확실한 지식, 참된 진리에 도달하는 것이었습니다. 이를 위해 그는 '의심'이라는 방법을 사용하여 불확실하고 명확하지 않은 우리의 믿음이나 상식들을 모두 제거합니다. 의심한 끝에 더 이상 의심할 수 없는 최후의 확실한 원리를 찾고자 했던 것입니다. 이러한 탐구 방식을 '방법적 회의'라고 합니다.

데카르트는 우선 '시각, 청각, 촉각 등의 감각이 과연 우리에게 참된 지식을 줄 수 있을까' 의심합니다. 일반적으로 우리는 대개 어떤 것을 우리 눈으로 직접 보면 그대로 받아들입니다. 만일 누군가 UFO나 도깨비를 직접 눈으로 보았다면 당연히 믿지 않을까요? '보는 것이 곧 믿는 것이다.'라는 말이 생긴 까닭도 바로 이 때문일 것입니다. 감각적 경험은 이처럼 가장 일반적인 지식의 원천으로 신뢰받고 있습니다. 그런데 데카르트는 감각을 통해 얻은 이러한 경험이 과연 우리에게 정확하고 확실한 지식을 주는지 의심하고 또 의심했습니다.

다음은 뮐러-라이어라는 심리학자가 착시현상을 설명하기 위해 고안한 그림입니다.

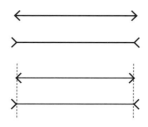

같은 길이의 두 선분이 양끝에 붙는 화살표의 방향에 따라 길이가 전혀 다르게 보이지 않나요? 눈이 우리를 속이는 한 예를 보여줍니다. 보다시피, 과연 눈에 보이는 그대로가 모두 진실일까요?

맛에 대한 감각은 또 어떨까요? 예를 들어 춥고 배고플 때 아주 맛있게 먹었던 뜨거운 국물을 덥고 배부를 때 먹는다고 생각해 봅시다. 그 맛이 똑같이 느껴질까요? 맛이 다르게 느껴졌다면 국물 맛이 변해서일까요? 대상은 그대로인데 그것을 받아들이는 우리의 감각이 상황에 따라 다른 정보를 전해주기 때문은 아닐까요?

이처럼 맛, 촉감, 색깔, 향기, 소리 등은 대상 속에 실제로 그렇게 존재하는 것이 아니라 우리의 감각이 만들어 내는 '가짜'의 성질들이라 할 수 있습니다. 여기서 '가짜'라는 의미는 속임수나 거짓이라기보다 대상들이 가지는 실제의 성질이 아니라는 의미입니다. 데카르트는 이처럼 보고 듣고 느끼는 우리의 감각적 경험이 확실한 지식을 줄 수 없다고 생각하고, 확실한 지식의 원천을 찾아 탐구를 계속했습니다.

데카르트는 우리의 마음속에 생각되는 모든 이미지나 관념들도 마치 꿈속에 나타난 모습들처럼 참된 것이 아닐 수 있다고 의심합니다. 지금 우리가 이 책을 읽고 스마트폰으로 카톡을 확인하고 친구와 농담하며 웃는 것들도 모두 꿈은 아닐까? 꿈에서 깨고 나면 순식간에 사라질 거짓된 현상들은 아닐까? 우리는 당연히 꿈과 현실을 구분할 수 있다고 생각하겠지만, 때로는 너무나도 생생한 꿈을 꿀 때, 그 꿈을 깨기 전에는 그것이 꿈인지 현실인지 알 수 없었던 경험이 한 번쯤 있을 것입니다. 지금 이 순간이 바로 그 꿈속이라면 어떨까요? 잠에서 깨기 전의 그 순간 말입니다. 확실히 아니라고 말할 수 있을까요?

중국의 장자*도 나비가 되어 훨훨 날아다니던 꿈을 꾸고 나서 이렇게 말했습니다. '인

> * 장자(BC369?~BC280?)는 중국 전국시대 송나라 몽(안휘성)에서 태어난 중국의 위대한 철학자이다. 노자와 함께 도(道)를 천지만물의 근원으로 삼았으며, 무위자연이라는 노장사상으로 도가를 형성했다.

간인 내가 꿈에 나비가 된 것일까. 아니면 나비가 꿈에 인간인 나로 변해 있는 것일까.'

데카르트는 이러한 의심을 더욱 깊이 파고들어, 내 생각이나 내 몸에 대한 느낌도 '짓궂은 악마의 장난'이 일으킨 착각일지 모른다고 의심합니다. 급기야 수학의 확실성마저 의심합니다. 원래 1+1=3인데 악령이 우리에게 착각을 일으켜 1+1=2라고 잘못 생각하고 있는 것은 아닐까? 어쩌면 황당하게 들리겠지만 결코 무시할 수 없는 의심입니다.

데카르트의 '방법적 회의'는 정말 의심스러워 의심하는 것이 아니라, 어떠한 악의적 의심에도 흔들리지 않는 확실한 인식의 근거를 찾기 위해 모든 가능성들을 떠올려 보는 것입니다. 그는 이러한 철저한 의심 끝에, 더 이상은 의심할 수 없는 한 가지 사실을 깨닫게 되는데, 그것이 바로 '지금 이렇게 의심하고 있는 나'는 반드시 존재해야 한다는 것입니다.

모든 것이 착각이고 환상이고 거짓일지라도, 그러한 착각을 하고 있는 주체는 있어야 한다는 것, 즉 생각하고 있는 지금의 나는 확실히 존재한다는 것입니다. 그럼으로써 '나'라고 하는 존재는 바로 '생각함', 즉 생각하고 있는 '정신(마음)'임을 깨닫게 됩니다. 여기서 도출된 확실성의 원리가 바로 "나는 생각한다. 그러므로 존재한다.(cogito ergo sum)"라는 명제입니다. 그는 이를 철학의 제1원리로 불렀습니다.

이 확실한 지식 탐구의 제1원리로부터 데카르트는 마치 수학적 논증을 하듯이 연역적 방식으로 지식을 넓혀나갑니다. 가장 확실한 '나'라고 하는 존재로부터 신의 존재를 증명하고, 신의 존재로부터 나의 몸과 우주 등의 물질적 세계의 존재를 증명해 냅니다. 이것이 바로 그의 사상이 지닌 위대함입니다. 신이 아닌 '나'를 세상의 중심에 세웠기 때문입니다.

데카르트의 〈방법서설〉

그 이전에는 모든 확실성이나 진리의 근원을 신의 섭리에서 찾았고, 신의 피조물로서의 인간은 단지 신의 은총을 통해서 구원받을 수 있다고 여겼습니다. 철학자들도 신을 믿기 위해 이성을 사용하여 신을 이해하는 일을 사명으로 삼고 있었습니다. 그러나 데카르트는 이러한 기존의 중세 기독교적 세계관을 뒤엎고, 생각하는 주체인 '나'를 진리 인식의 확실한 원천으로 삼았습니다.

자연은 기계다

이렇게 해서 구축된 데카르트의 이론 체계를 한 마디로 표현하자면 '심신이원론'이라 할 수 있습니다. 이것은 세상이 물질과 정신으로 이루어져 있다는 이론입니다. 물질은 인간의 정신(마음)을 제외한 모든 자연을 말합니다. 여기에는 인간의 육체도 포함됩니다.

데카르트의 주장에 따르면, 물질은 정확한 물리적 법칙에 의해서 기계처럼 돌아가고 있고, 정신과는 무관하게 단절되어 있습니다. 물질의 성질은 연장성(크기)을 가진다는 것이고, 정신의 성질은 사유한다는 것입니다. 인간의 몸도 기계처럼 물리적 법칙에 의해서 작동되는데, 단지 인간은 정신과 육체가 함께 동거하고 있어 어느 정도 상호 관계를 맺고 있을 뿐입니다. 어디까지나 인간의 본질은 정신(영혼)이며 육체와 독립적으로 존재합니다. 그래서 데카르트는 '나'의 몸은 죽어도 정신은 죽지 않는다고 생각했습니다. 그렇다고 그가 기독교처럼 사후세계를 강하게 주장하고 있는 것은 아닙니다. 단지 물질과 정신이 전혀 다른 실체임을 주장하며, 인간의 본질이 '사유하는 정신'임을 강조할 뿐입니다.

그런데 데카르트는 동물들은 정신(사유=마음=의식)이 없는 물질적 존재이므로 기계처럼 오직 물리적 운동만을 한다고 보았습니다. 심지어 동물들이 고통이나 슬픔, 기쁨 등도 느끼지 못한다고 생각했습니다. 이러한 믿음 때문에 데카르트는 살아있는 개를 해부하면서도 아무런 죄책감이나 불쌍한 감정을 갖지 않았습니다. 다음은 데카르트의 정신-물질 이원론을 단적으로 보여주는 기록입니다.

데카르트주의자들은 무감각하게 개를 때렸으며, 개가 고통을 느낀다고 불쌍하게 바라본 사람들을 비웃었다. 그들은 동물이 시계에 불과하다고

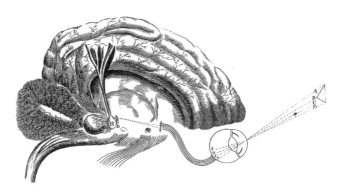

데카르트가 주장한 인간의 신경체계

했으며, 개를 때렸을 때 비명을 지르는 것은 충격이 가해진 용수철이 내는 소음에 불과하다고 보았다. 몸 전체는 아무런 감정이 없다는 것이다. 이들은 그 불쌍한 동물들을 판자에 묶고 네 다리에 못을 박고 산 채로 해부하면서 당시 과학적 토론의 중요한 주제였던 피의 순환을 관찰하곤 했다.

이와 같이 데카르트는 '생각'을 인간의 본질로 보았고, 특히 그가 생각하는 '생각'은 보고 듣고 느끼는 감각이나 슬픔, 기쁨, 괴로움 등의 감정 등이 아니라 수학적으로 추론하고 논증하여 명석(깨끗)하고 판명(뚜렷)하게 이해하는 이성적 능력을 의미하는 것이었습니다. 데카르트의 이러한 사상은 현대에 이르기까지 커다란 영향을 끼치며 서양의 정신과 문화를 이끌어왔습니다.

그러나 이러한 근대적 이성은 과학문명과 인간 중심의 문화를 너무 강조한 나머지 무분별한 자연 파괴와 생태계의 위협을 초래한 측면이 있습니다. 또한 인간의 이성적인 능력만을 너무 강조한 나머지 사랑과 자비, 이타심 등 감성적인 부분을 경시한 점도 문제점으로 지적할 수 있습니다.

한 줄로 읽는 데카르트
- 절대적으로 확실한 지식의 원천을 찾기 위해 철저히 의심하는 '방법적 회의'를 시도했다.
- 더 이상 의심할 수 없는 것이 '나'의 존재임을 깨닫고 '나는 생각한다, 그러므로 존재한다.'라고 주장했다.
- 신이 아닌 '나'를 철학의 중심에 세움으로써 서양 근대 철학의 시작을 알렸다.
- 물질과 정신을 구분하는 심신이원론을 주장했다.

인간의 본질은
자신의 존재를 보존하려는 욕망이다

바뤼흐 스피노자
Baruch Spinoza 1632~1677

스피노자는 '내일 지구의 종말이 오더라도 한 그루의 사과나무를 심겠다'는 말을 남긴 철학자로 널리 알려져 있습니다. 아마 스피노자에 대해 잘 모르더라도 누구든 한번쯤은 이 말을 들어본 적이 있을 것입니다. 최근의 연구에 의하면, 이 말은 스피노자의 말이 아니라 마르틴 루터의 것이라는 주장도 있습니다. 그러나 그 진위가 어떻든 간에, 어떠한 고난 속에서도 자신이 해야 할 일을 끝내 사랑하고 헌신했던 스피노자의 삶과 그야말로 잘 어울리는 말이 아닐 수 없습니다.

신에 취한 사람

스피노자의 삶은 지독히도 불운하고 괴로운 것이었습니다. 1632년 암스테르담에서 유대인 상인의 아들로 태어난 스피노자는 24세에 자신이 살고 있던 유대인 공동체로부터 파문을 당합니다. 유대교의 성전인 구약성서가 모순투성이라 믿을 수 없다고 하며 유대교의 신앙에 반하는 행동을 했기 때문입니다. 당시 유대공동체의 책임 있는 인사들은 총명하고 전도유망했던 스피노자에게 크게 실망했습니다. 그들은 스피노자의 주장을 철회시키기 위해 돈으로 회유하기도 하고, 심지어 암살자를 시켜 살해하려고도 했습니다. 그러나 스피노자는 이에 굴하지 않고 자신의 사상의 정당성을 고수하였고, 그 결과 지독한 저주를 받으며 추방당하게 됩니다.

당시 유대인들은 신앙 문제로 많은 나라에서 박해를 받아 왔기 때문에 비교적 종교적으로 자유로운 네덜란드로 이주하여 자신들끼리 똘똘 뭉쳐 협력하며 살고 있었습니다. 따라서 유대인 공동체로부터 파문당했다는 것은 이제 스피노자가 그 어디에도 발붙일 수 없는 처지가 되었다는 의미이기도 했습니다.

스피노자는 이리저리 떠돌며 하숙집 다락방에서 안경 렌즈를 깎아 근근이 생계를 이어갔습니다. 그럼에도 철학 연구는 게을리 하지 않아 성서를 과학적으로 비판하고 사상과 신앙의 자유를 옹호하는 내용의 〈신학정치학〉을 발표합니다. 그런데 이 책은 출판되자마자 신·구교, 국가 당국, 심지어 데카르트주의자 등 모두로부터 무신론자, 이교도라는 들끓는 비난을 받습니다. 특히 네덜란드 총독은 이 책을 인쇄하거나 유포하는 자를 엄벌하겠다고 선포하기까지 했습니다.

신은 결코 인간을 심판하는 재판장이나 절대적 군주가 아니라며 전통적인 신앙을 강하게 비판했기 때문입니다. 더욱이 성직자나 국왕을 신의 대리자로 숭배하게 만드는 행태들을 고발하고 비판했으니 기존 권력층에게 좋게 보일 리 없었습니다. 결국 스피노자는 교회와 국가를 모독했다는 이유로, 당시 유력한 모든 사회기관과 인사들로부터 공공의 적으로 몰리게 됩니다.

그러나 스피노자는 이러한 모든 비난과 핍박들에도 불구하고 끝내 '철학함'의 자유를 포기하지 않았습니다. 심지어 교회를 비판하지 않는다면 대학교수 자리를 주겠다는 제안도 마다했을 정도였습니다. 그는 궁핍하고 고된 삶 속에서도 지극한 행복을 노래하며 독창적이고 반항적인 사유와 자유로운 신앙생활을 계속했습니다. 안경 렌즈를 깎을 때 나오는 유리가루를 지속적으로 들이마셔 폐결핵으로 사망하는(44세) 그날까지, 그의 삶은 오직 자유로운 정신과 신에 대한 지적 사랑을 향한 구도의 여정이었습니다.

스피노자는 이렇게 평생 동안 신을 사랑하며 경건한 생활을 했으며, 그의 철학은 신으로부터 시작해서 신으로 끝난다고 해도 과언이 아닙니다. 그런데 어째서 그의 혈연인 유대인들은 물론 기독교 교회나 국가 당국, 혹은 학계로부터 '신을 모독한 무신론자'라느니 '악마에게 매수당한 자'라는 비난과 분노에 찬 저주를 받았을까요? 그것은 스피노자가 사랑한 신이 기독교인들의 신과 달랐기 때문입니다. 그는 기독교의 신보다 더 절대적이고 무한한 신을 이야기합니다.

스피노자의 신은 기독교에서 말하는 창조주로서의 신, 피조물들과 구별되는 초월적인

암스테르담의 스피노자 동상

신이 아니라 인간과 만물을 포함하는 전체로서의 자연을 의미합니다. 그는 이러한 신을 직관적으로 인식함으로써, 나 자신을 삶의 중심으로 보는 생각으로부터 벗어나 타인들, 사회와 국가, 인류 전체, 그리고 온 우주를 신으로서 경험하게 된다고 말합니다. 지극한 행복은 바로 그러한 신을 진정으로 인식하고 사랑할 수 있을 때 가능한 것입니다. 이러한 스피노자를 시인 노발리스*는 '신에 취한 사람'이라 불렀습니다. 그러니 설령 지구의 종말이 오더라도 스피노자라면 모든 것을 신의 뜻으로 받아들이고, 역시 신이라 할 수 있는 사과나무 한 그루를 심지 않았을까 싶습니다.

신은 자연이다

스피노자의 대표적인 저서는 〈에티카〉인데 이 책의 원래 제목은 〈기하학적으로 증명된 윤리학〉입니다. 책의 제목에서 보듯이 스피노자는 인간의 윤리규범이나 가치의 문제에 있어서도 수학적인 방법으로 그 진리를 탐구해야 한다고 생각했습니다. 그는 데카르트의 방법을 이어받아 기하학적인 방법으로 지식의 체계를 구축하였습니다. 그러나 데카르트가 실체를 정신과 물질로 구분하는 이원론을 주장한 반면, 스피노자는 이를 비판하고 유일한 무한 실체인 신(=자연)을 상정함으로써 일원론을 주장합니다.

* 노발리스(1772~1801)는 독일 낭만파 시인이자 철학자이다. 대표작으로는 연인이었던 조피 폰 퀸의 죽음을 계기로 발표된 시 〈밤의 찬가〉와 미완의 장편소설 〈푸른 꽃〉이 있다.

스피노자가 정의하는 '실체(substance)'란 독자적으로 존재하며 그 자체를 통해 이해되는 것, 즉 그것의 근거로써 다른 어떠한 존재도 필요로 하지 않는 것을 말합니다. 이 정의에 따르면, 데카르트의 물체와 정신은 실체가 될 수 없습니다. 왜냐하면 데카르트의 물체와 정신은 모두 신에 의해 창조된 것이며, 여러 조건의 제약을 받기 때문입니다. 스피노자는 그것들은 실체가 아니라 '양태(mode)'들이라고 불렀습니다. 양태란 실체의 변용, 다시 말해 다른 무엇(실체)에 의존해 있으면서 그 다른 무엇을 통해서 이해되는 것으로 정의할 수 있습니다. 여기서 실체는 정신과 물질이라는 두 가지 '양태'로 나타납니다. 스피노자에 따르면, 이들 양태의 주체인 실체는 자족적이고 모든 것을 포괄하는 체계로서, 유한한 존재들을 그 안에 포함합니다. 세상에는 오직 하나만의 실체가 존재할수 있습니다. 스피노자는 이 유일하고 무한한 실체가 바로 신이자 자연이라고 주장합니다.

실체는 무한한 종류의 속성을 가지고 있으며, 그 속성 하나 하나는 실체의 영원하고 무한한 본질을 나타냅니다. 스피노자는 '속성'이란 실체의 본질을 구성하는 것으로서 지성을 통해 지각하는데, 현실적으로 우리가 지각할 수 있는 속성은 사유와 연장성 두 가지 뿐이라고 주장합니다. 실체는 무한하고 유일한 신이며, 신의 속성은 사유와 연장성이고, 그 양태는 정신과 물질이라는 것입니다. 즉, 사유하는 정신과 연장성을 갖는 물질들은 모두 신의 모습입니다. 이것이 바로 데카르트의 주장과 다른 점입니다.

데카르트와 스피노자의 실체관 비교

	데카르트	스피노자
실체	물질 / 정신	신(=자연)
양태		신의 양태: 물질 / 정신
속성	물질의 속성: 연장성 / 정신의 속성: 사유	신의 속성: 연장성과 사유

스피노자는 유일한 실체인 신이 곧 자연이며, 자연은 '능산적 자연(能産的自然, natura naturans)'과 '소산적 자연(所産的自然, natura naturata)'이라는 두 가지 측면을 갖는다고 설명합니다. 능산적 자연은 만물을 낳는 행위자로서의 신이라는 의미를 나타낼 때 사용하는 표현이며, 소산적 자연은 생산된 자연, 즉 신의 속성에서 비롯되는 일체의 세계를 나타내는 표현입니다. 능산적 자연은 자연의 이법이자 질서로서 항상 일정하고 불변합니다. 그러나 우주의 상태는 시시각각 변합니다. 이것은 소산적 자연입니다. 능산적 자연은 능동적이고 창조적인 반면 소산적 자연은 피동적이고 일정한 순간에만 존재합니다. 그렇다고 능산적 자연과 소산적 자연이 따로따로 존재하는 별개의 것들은 아닙니다. 하나의 동전이 양면을 가지고 있는 것처럼 하나의 실체(신=자연)에서 나온 두 가지 측면이기 때문입니다.

이와 같이 스피노자의 신은 기독교의 신과 전혀 다른 의미를 갖습니다. 스피노자에게 있어 신은 세계의 창조자가 아닙니다. 만일 신을 창조자로 본다면, 신은 피조물과 다른 속성을 가지고 서로 구별되어야 할 것입니다. 피조물이 없다면 창조라는 개념도 성립할 수 없으므로 창조자도 결국 피조물의 존재를 전제할 수밖에 없는 것입니다. 마치 자식을 낳지 않은 사람을 아버지라 할 수 없는 것처럼 말입니다. 이런 식이라면 신은 실체가 될 수 없습니다. 왜냐하면 실체는 다른 개념에 의존하지 않고 독자적으로 존재하는 것이어야 하기 때문입니다. 즉 신이 피조물을 창조했다면, 신은 자기와 구별되는 피조물에 의하여 개념적으로 제한을 받을 것이며, 따라서 신은 무한하지 않은 존재가 될 것입니다. 결국 스피노자의 신은 자연을 창조한 신이 아니라 자연 그 자체로서의 신입니다.

스피노자가 사용한 서재

그동안 자연은 그 자체로 존재하는 것이 아니라, 신에 의해 창조된 피조물이자 신의 의도에 따라 운행되는 사물로 여겨졌습니다. 즉, 모든 자연 만물은 신에 의해 부여된 나름의 목적을 향해 움직인다는 생각이 지배적이었습니다. 그러나 스피노자는 이러한 전통적 사상과 가치관들을 전복시켰습니다. 스피노자에 의해 신은 이제 자연의 외부에 존재하는 초월자가 아니라 자연 만물에 내재하는 원인이 되었습니다. 또한 자연 만물도 신과 분리된 피조물이 아니라 신 안에 자리하게 되었습니다. 신이 자연 만물을 산출하는 원인이면서 동시에 그 결과인 자연 만물 그 자체가 된 것입니다.

코나투스, 인간의 본질로서의 욕망

스피노자에게 있어서 실제로 존재하는 것은 신이라는 실체와 이 실체의 양태들입니다. 신을 제외한 모든 것, 즉 인간을 비롯한 모든 자연의 사물들은 유한한 양태에 속합니다. 유한한 양태들은 모두 제각각 자기를 보존하려는 노력을 하는데, 이러한 노력을 스피노자는 '코나투스'라 불렀습니다. 이것이 인간을 비롯한 모든 사물에 공통되는 본질이라는 것입니다. 그는 자신의 존재 속에 계속해서 머무르려는 노력이 없다면 개체들은 그 존재를 유지할 수 없다고 보았습니다. 어떠한 양태가 하나의 구체적인 사물로서 존재하려면 무한히 많은 다른 양태들과 상호작용을 하며 관계를 맺을 수밖에 없습니다. 그런데 이때 각각의 사물은 외부 환경과의 상호작용 속에서 자기 존재의 유지에 도움이 되는 방향으로 행동하고자 하는 반면 자기 존재의 보존에 방해가 되는 것에는 저항하려 합니다. 이러한 경향 혹은 노력이 바로 코나투스입니다. 코나투스는 모든 개체들의 본질로서 자신의 존재를 유지하려고 할 뿐만 아니라,

자기의 존재를 긍정하고 자신의 활동 능력을 증가시키고 완전성을 높이려는 노력을 뜻하기도 합니다.

스피노자는 이 코나투스가 인간의 정신과 육체에 동시에 작용할 때 이를 '욕망' 혹은 '욕구'라고 부릅니다. 자기보존을 위해 노력하는, 인간의 본질은 바로 욕망입니다. 모든 욕망은 반드시 '쾌락'이나 '고통'이라는 감정을 초래합니다. 그런데 여기서 말하는 쾌락은 감각적인 쾌락을 의미하는 것이 아니라, 사람의 힘이 성숙되어 인격이 성장하는 데서 오는 행복감을 의미합니다. 인간의 마음이 좀 더 높은 완전성으로 향상될 때에 수반되는 만족감을 말하는 것입니다. 한편 고통은 인격의 후퇴 또는 성숙한 힘의 감퇴에 따르는 무능과 열등의 느낌입니다. 욕구가 도덕적 성장을 초래할 때 그것은 능동적인 욕구로서 행복을 가져오고, 도덕적 후퇴를 초래할 때 그것은 수동적 욕구로서 불행을 가져옵니다. 그러므로 우리가 영위해야 할 값진 인생은 능동적인 생활입니다.

이러한 능동적 코나투스는 외부의 자극에 수동적으로 반응하는 자기보존의 노력에 그치지 않고, 자신의 힘과 능력을 향상시키고 완전해지고자 하는 노력입니다. 그리고 이러한 활동을 통해 인간은 능동적 감정을 느끼게 되는데, 이를 스피노자는 '정신력'이라 부릅니다. 정신력에는 '용기'와 '관용', 두 가지가 있습니다. 용기는 이성의 명령에 따라서 자기 자신을 보존하려는 욕구고, 관용은 이성의 명령에 따라서 다른 사람들을 돕거나 우정을 나누려고 하는 욕구입니다. 이러한 능동적 욕구들은 눈앞에 있는 작은 욕구들을 참고, 자기향상을 위한 더 큰 목표를 지향하며, 타인을 배려하고 공동의 선을 성취하려고 노력합니다. 결국 스피노자의 도덕철학에서 가장 강조되는 부분은 이러한 능동적 노력, 즉 수동적 감정(정념)에서 벗어나, 이를 능동적 감정으로 변화시키려는 노력이라고 할 수 있습니다.

자유로운 인간, 고요한 행복

스피노자는 선이란 모든 종류의 쾌락과 쾌락을 가져다주는 모든 것, 특히 우리의 끝없는 욕구를 만족시키는 것인 반면 악은 모든 종류의 고통, 특히 우리의 욕구를 방해하는 모든 것이라고 주장합니다. 실체인 자연에는 악의도 선의도 없습니다. 자연의 사물들에는 인간의 성장을 돕는 것(=쾌락=선)도 있고 방해하는 것(=고통=악)도 있으므로, 자연은 도덕을 초월합니다. 그러나 그 안에서 그것들을 선택하는 인간은 선 혹은 악을 생각하게 됩니다. 자연이라는 가치중립적인 거대한 세계에 관련을 맺으며 무수히 많은 장애를 만나게 되고, 이때 고통의 감정을 느끼기 때문입니다. 스피노자에 따르면 이러한 감정은 악입니다. 그렇다면 어떻게 악에서 벗어나 선으로 향할 수 있을까요?

모든 일들이 자연의 법칙에 따라 불가피하게 생긴다는 것을 이해하고, 우리가 받는 고통이 피할 수 없는 것임을 깨달을 때, 우리는 그 고통에 대하여 분노의 감정을 느끼지 않게 됩니다. 예를 들어 길을 가다 어디선가 날아온 돌멩이에 맞았다고 해보죠. 그 돌이 누군가 나를 해치기 위해 고의적으로 던진 것이라고 생각한다면 분노와 복수심으로 괴로울 것이지만, 돌은 그 자리에 떨어지게 되어 있고 마침 그 시간에 내가 그 자리를 지나치면서 우연의 일치로 그 돌에 맞았다고 생각한다면, 아마도 마음의 고통이 덜 할 것이고 평온함을 유지할 수 있을 것입니다. 이와 같이 자연으로부터 우리가 받게 된 모든 수동적 감정(정념)에 대해서 우리가 지성의 힘으로 그것을 분명하게 이해하게 되면, 곧바로 그 정념에서 벗어나 능동적인 감정으로 변화할 수 있습니다. 이것이 바로 악의 문제를 해결하는 스피노자의 방법론입니다.

　인간은 지성의 활동을 통해서 수동적인 정념의 속박으로부터 벗어나 자유로워집니다. 여기서 스피노자는 지성이 도달할 수 있는 최고의 선은 신을 인식하는 것이라고 말합니다. 스피노자에게 있어 신은 자연과 동일합니다. 따라서 우리 자신과 모든 사물들이 무한한 자연의 인과법칙*에 속해 있다고 생각하면 그 모든 것들이 논리적으로 결합된 무한한 체계의 일부임을 깨닫게 됩니다. 나와 타인과 인류, 우주 전체가 하나로 연결되어 있음을 알게 되고, 그럼으로써 우리는 신을 인식하게 되는 것입니다. 이러한 인식으로부터 정신의 쾌락이 생겨납니다. 스피노자는 이를 '신에 대한 지적인 사랑'으로 부릅니다. 스피노자는 신에

* 모든 일은 원인이 있고, 원인 없이는 어떠한 현상도 일어나지 않는다. 이러한 원인과 결과의 규칙적인 관계를 인과관계라고 하며, 어떤 원인에서 어떤 결과가 필연적으로 발생할 때 이를 인과법칙이라고 한다.

대한 이러한 사랑이 곧 우리의 자유이며 고요한 행복이라고 선언합니다. 여기서 스피노자가 말하는 신에 대한 사랑은 신의 한 양태로서, 자연의 일부로서 자기 자신을 사랑한다는 의미입니다. 그래서 스피노자는 이렇게 말합니다. "신에 대한 지적인 사랑은 … 신이 자기 자신을 사랑하는 신의 사랑 그 자체다."

한 줄로 읽는 스피노자

- '내일 지구의 종말이 오더라도 한 그루의 사과나무를 심겠다.'라는 유명한 말을 남겼다.
- 정신과 물질을 구분한 데카르트의 이원론과 달리 유일한 무한실체인 신으로 일원론을 주장했다.
- 신은 자연 만물을 산출하는 원인인 동시에 그 결과인 자연 만물 그 자체라고 말했다.
- 지성의 활동을 통해 정념에서 벗어나면, 신을 인식하여 '신에 대한 지적인 사랑'을 할 수 있다고 전했다.

인간의 타고난 마음은 백지와 같다

존 로크
John Locke 1632~1704

가끔 주변에서 보면, 별로 공부를 열심히 하는 것 같지 않은데도 성적이 아주 좋은 친구들이 있습니다. 나는 거의 매일 파워 음료를 마시며 밤늦게까지 죽어라고 공부해도, 여유 있게 놀면서 공부하는 그 친구를 따라잡을 수 없을 때, 대개는 이렇게 체념합니다. "저 친구는 유전자가 좋아서 그래." 그럴 수도 있을 겁니다. 그런데 정말 그럴까요? 그 친구는 태어날 때부터 공부를 잘하도록 결정되어 있었고, 나는 아무리 해도 안 되도록 이미 정해져 있었던 것일까요? 과연 후천적인 경험이나 노력과는 상관없이, 태어날 때부터 내게 주어진 선천적인 능력이라는 것이 있는 것일까요?

서양 철학사에서 이러한 문제에 대해서 최초로 진지한 물음을 던지고, 깊이 있게 탐구한 사람이 바로 존 로크입니다.

경험론의 선봉장

로크는 1632년 8월 29일 영국 남서부 서머싯주에 있는 링턴이라는 마을에서 법조인의 아들로 태어났습니다. 부모로부터 청교도식 교육을 받았으며 유년시절은 브리스톨 근교에서 보냈습니다. 1652년에는 옥스퍼드대학의 크리스트 칼리지에 장학생으로 입학하여 언어, 논리학, 윤리학, 수학, 천문학을 두루 공부하며 데카르트 철학을 처음으로 접합니다. 그 후 정치 활동을 하며 〈관용에 관한 에세이〉, 〈정부론〉, 〈인간 오성론〉 같은 저서를 출간했습니다. 특히 〈인간 오성론〉은 선풍적인 인기를 끌며 로크를 위대한 사상가의 반열에 올려놓았습니다. 1691년부터 한적한 시골에서 집필 활동에 몰두하다가 1704년 72세의 나이로 세상을 떠났습니다.

로크가 활동하던 시대에는 신 중심의 기독교적 세계관에서 벗어나 인간의 이성과 과학적 방법으로 새로운 세계를 구축하려는 노력이 사회 전역에서 활발히 일어나고 있었습니다. 철학계에서는 이미 데카르트가 '생각하는 자아'를 제시한 이래, 인간의 이성을 무한히 신뢰하는 합리주의가 유행하고 있었습니다.

합리주의자들은 진정한 지식은 경험에 의존하지 않는, 선천적인 것이라고 생각했습니다. 우리가 보고 듣고 느끼는 경험은 상황마다 변할 수 있고, 사람마다 다르게 받아들일 수 있기 때문에 신뢰할 수 없다는 것입니다. 그들은 이처럼 상대적이고 주관적인 감각 경험을 배제하고, 오직 신에게서 부여받은 이성의 힘으로만 절대적이고 확실한 지식을 얻을 수 있다고 주장합니다. 인간에게는 경험으로부터 학습되지 않는 원리, 즉 입증할 필요도 없이 명백한 진리인 '본유관념*'이 태어날 때부터 갖추어져 있다는 것입니다.

로크는 이에 대해 〈인간오성론〉에서 인간의 타고난 마음은 '백지(tabula rasa)'와 같아서 아무런 관념이나 지식도 적혀 있지 않다고 반박합니다. 오직 경험만이 백지와 같은 빈 마음 위에 지

> * 태어날 때부터 인간 정신에 내재해 있다고 하는 관념. 경험에 의해 획득되는 습득관념과 대립되는 관념이다.

식과 관념을 새겨 넣는다는 의미입니다. 다시 말하자면, 모든 관념이나 지식은 감각 경험으로부터 들어와 추상화되는 과정에서 형성되므로 감각 이전의 마음은 텅 빈 방과 같다는 것입니다. 로크의 설명대로라면, 우리에게는 태어날 때부터 타고난 어떠한 지적 능력도 없기 때문에 오직 후천적인 경험과 노력만이 우리의 지식과 사유를 가능하게 할 수 있습니다.

로크 철학의 핵심은 인간의 인식능력의 본질을 밝히는 것입니다. 우리 인간이 어떻게 뭔가를 '알 수' 있는가, 즉 참다운 지식은 무엇이고 어떻게 얻을 수 있는가를 탐구하는 것입니다. 우선 로크는 인간이 다른 동물들보다 뛰어난 점은 생각을 통해서 뭔가를 이해하고 깨달을 수 있다는 것으로 보았습니다. 그리고 이러한 정신적 능력을 '오성(지성)'이라고 불렀습니다.

그런데 로크가 보기에, 사람들은 오성을 통해 세상을 이해하고 지식을 쌓고 있지만 오성 그 자체가 무엇이며, 어떻게 작동되는지, 그 한계는 어디까지인지에 대해서는 잘 모르고 있을 뿐 아니라 관심도 별로 기울이지 않는 것처럼 보였습니다. 그래서 로크는 〈인간오성론〉에서 자신의 목적은 인간이 대상을 인식할 때 어떻게 오성이 관여하는지 고찰하고, 사물에 대한 생각을 얻게 되는 과정을 설명하며, 참다운 지식의 확실한 기준이나 신념의 근거를 해명하는 것이라고 밝히고 있습니다.

로크 이후 근대 유럽의 철학계는 본격적으로 인식의 근거와 마음의 작용을 연구하는 인식론이 주류가 되었습니다. '과연 경험만이 인간의 지식의 유일한 근거인가, 아니면 인간에게는 타고난 인식 혹은 관념이 선천적으로 구비되어 있는 것인가' 등에 대한 다양한 이론들이 활발히 논의되기 시작한 것입니다. 그래서 학자들은 로크를 근대 인식론의 선구자 혹은 경험론의 창시자라고 부릅니다.

본유관념은 없다

로크는 인간이 뭔가를 안다고 할 때 그 앎의 내용, 혹은 뭔가를 생각할 때 그 생각의 내용이나 재료를 '관념(idea)'이라고 불렀습니다. 관념이

라는 용어는 플라톤 이래로 철학자들에게 아주 중요한 개념이었는데, 시대의 흐름과 함께 사상가들마다 조금씩 다른 의미로 사용되곤 했습니다. 플라톤의 경우 관념, 즉 이데아가 사물의 본질적인 원형으로서 참된 실재이며, 현실의 사물들은 단지 이데아의 모사품에 지나지 않는다고 보았습니다. 현실에 존재하는 모든 사물들은 끊임없이 변화하지만, 이데아는 불변하며 영원하다고 본 것입니다. 그래서 그는 참된 지식은 겉으로 보이는

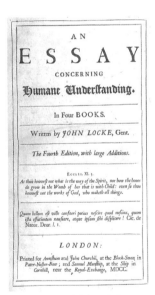

로크의 〈인간 오성론〉

사물의 세계가 아닌 이데아에 대한 인식이라고 주장합니다.

그러나 로크가 말하는 관념은 플라톤의 것과 전혀 다른 의미로 사용됩니다. 관념은 사물들의 본질적인 원래의 모습이 아니라, 인간의 마음속에 있는 주관적 의식, 즉 생각의 내용입니다. 우리가 뭔가를 인식하거나 생각한다고 할 때, 그것은 어떠한 관념을 가진다는 의미입니다. 그렇다면 우리 마음은 어떻게 관념을 가지게 되는 걸까요?

로크가 활동하던 시대에 대부분의 지식인들은 모든 인간이 본유관념(생득관념)을 가지고 있다고 생각했습니다. 이러한 사상은 고대 그리스의 플라톤까지 거슬러 올라갑니다.

플라톤의 주장에 따르면, 인간의 영혼은 육체와 결합되기 전에 이미 이데아들과 친숙했었고, 따라서 인간의 영혼에는 이데아에 대한 지식이 선천적으로 존재합니다. 다만 이 세상에 태어날 때 이데아에 대한 기억을 잊고 있다가, 사물과의 감각적인 접촉을 통해서 망각되었던 사물의 본성에 대한 인식을 다시 기억해 내는 것일 뿐입니다. 플라톤의 이러한 주장은 데카르트의 본유관념(생득관념)설로 이어집니다.

데카르트는 관념을 세 가지로 구분했습니다. 우리의 외부로부터 경험을 통해 얻어진 외래관념(소리, 빛, 더위 등), 우리가 스스로 만들어내는 인위관념(인어, 도깨비, 용 등), 그리고 우리의 마음속에 원래 있는 생득관념(신, 자아관념, 수학적 공리, 인과성 등)이 그것입니다. 그는 이 중에서 외래관념과 인위관념은 참된 지식이 될 수 없고, 오직 신이나 자아관념, 수학적 공리, 인과성 등 생득관념(=본유관념)만이 확실한 지식이며, 이것이 외적 경험 대상에 대한 인식의 근거가 된다고 주장합니다.

그러나 로크는 합리론자들이 주장하는 이러한 본유관념을 부정합니다. 로크에 의하면, 태어날 때 우리의 마음의 상태는 아무런 글자도 쓰여 있지 않은 백지와 같이 비어 있어 모든 관념은 오직 경험에 의해서만 형성됩니다. 경험에는 두 가지 종류가 있습니다. 외적 경험과 내적 경험이 그것입니다. 외적 경험이란 외부의 대상에 대한 감각 경험을 말하고, 내적 경험이란 외적 경험으로부터 얻어진 소재들에 대한 반성(숙고)하는 마음의 활동을 말합니다. 이러한 반성에 의해 지각, 사고, 회의, 의지 등과 같은 마음속의 현상에 관한 관념을 갖게 됩니다.

일체의 관념은 외적 경험과 내적 경험의 결합에 의해서 생기며, 따라서 우리의 정신 능력(오성)은 감각과 반성을 통해 성립됩니다. 감각은 외부로부터 단순한 인상을 수용하는 능력이며, 반성은 수용된 인상을 반복, 비교, 결합하는 능력입니다. 감각과 반성의 두 경험 중 더 기본적이고 근원적인 것은 감각입니다. 왜냐하면 외적인 감각 경험을 얻기 전까지는 내적인 반성의 경험에 이를 수 없기 때문입니다. 한 마디로, 우리의 정신에는 타고난 보편적인 원리나 본유관념이 있을 수 없습니다. 모든 인식은 감각기관을 통해 주어진 관념으로부터 비롯되기 때문입니다. 그래서 로크는 경험할 수 없는 것은 인식할 수 없다는 점을 특히 강조합니다.

인간의 관념, 물체의 성질

로크는 관념을 크게 두 가지로 구분합니다. 하나는 단순 관념이고 다른 하나는 복합 관념입니다. 단순 관념은 감각기관을 통해서 우리에게 들어오는 사물들의 성질에 대한 인식 단위라고 볼 수 있습니다. 예를 들어 우리 앞에 스마트 폰이 하나 있다고 가정해 보죠. 우리가 그것을 스마트 폰으로 인식하려면 눈으로 보고, 손으로 만지고, 이런 저런 조작을 통해 기능을 확인해야 합니다. 눈과 손, 혹은 귀를 통해 들어오는 여러 정보를 종합하여 그것이 스마트 폰임을 인식하게 되는 것입니다. 이때 그 각각의 정보들을 최초에 인식하는 우리 감각 기관들은 색, 형태, 질감 등 가장 단순한 각각의 정보들을 받아들이는데, 이러한 정보를 단순 관념이라고 합니다. 한편 우리의 정신(오성)은 이러한 단순 관념들을 결합하고 비교하며, 기존의 정보를 참고하여 그것이 무엇인지 알게 되는데, 이때 우리가 인식하는 '무엇'에 해당하는 관념은 복합 관념입니다.

이제 로크의 설명대로, 우리의 인식행위가 어떻게 일어나는지 한 번 확인해 보겠습니다. 식탁 위에 사과가 하나 있습니다. 크기는 대략 지름 10센티미터, 무게는 200그램, 빨갛고 반질반질 윤이 납니다. 손에 들고 한 입 베어 물었더니 아삭하는 소리와 달콤하고 새콤한 과즙이 입 안으로 들어옵니다. 향긋한 향기와 맛이 기분을 좋게 합니다. 잠시 후 배고픔이 사라지고 즐거운 포만감이 느껴집니다. 여기서 우리는 사과에 대한 인식을 갖게 됩니다. 크기, 무게, 색깔, 향기, 맛, 즐거움, 포만감 등의 단순 관념들이 '사과'라는 복합 관념을 형성했고, 그렇게 우리가 사과를 인식하는 것입니다.

그런데 몇 가지 의문이 남습니다. 크기나 무게는 빼더라도, 향기나 맛, 먹고 나서의 느낌 등은 사람마다 다 다르지 않을까요? 또 같은 사람이라도 계절이나 날씨, 배부른지 아닌지에 따라 사과에 대한 느낌이 다를 수 있지 않을까요? 즉, 사과에 대한 우리의 주관적 느낌인 관념은 변할 수 있고, 또 사람마다 다를 수 있다는 것입니다. 그렇다면 어떤 사물에 대한 우리의 관념은 사물 그 자체와는 다른 것이 아닐까요? 우리의 인식과 사고의 내용이 오직 관념이라는 말의 의미는 결국, 우리의 인식과 사고는 사물들 자체에 대한 것이 아니라, 사물들과 동떨어져 우리 머릿속에 그려진 허상일 수 있지 않을까요?

이 문제에 대해 로크는 이렇게 설명합니다. 모든 사물들은 제1성질과 제2성질을 가지고 있습니다. 제1성질은 물체가 어떤 상태에 있더라도 그것으로부터 결코 분리될 수 없는 물체 본래의 성질입니다. 앞서 언급했던 사과의 형태나 크기, 무게 등의 성질을 말하는 것입니다. 이런 성질들은 우리의 관념에 있는 그대로 반영됩니다. 제2성질은 색, 향기, 소리, 맛 등 우리가 주관적으로 인식하는 성질입니다. 그러나 제2성질은 물체 자체에 속하는 것은 아니라, 우리에게 그러한 관념을 일으키게 하는 힘을 말합니다. 이러한 물체의 성질들이 우리의 감각과 반성이라는 경험을 통해 단순 관념을 형성하게 되고, 이 단순 관념들을 우리의

오성이 다양한 방식으로 결합하고 비교함으로써 복합 관념을 이루게
되는 것입니다.

상식이 통하는 세상

로크는 관념들 상호 간의 일치, 불일치, 결합, 분리 작용을 지각하는 것
을 가리켜 '인식'이라고 하였습니다. 아무리 복잡하고 심오한 사상이
나 이론들도 그것은 결국 단순 관념이 모여서 이루어진 복합 관념의
체계일 뿐입니다. 그런데 단순 관념은 외적 경험(감각)과 내적 경험(반
성)이라는 두 가지 경험으로부터 나온 것이므로 어떠한 지식이나 사상
도 경험을 떠나서는 있을 수 없습니다. 그래서 로크는 '감각과 반성은
오성이라는 암실 속에 관념의 빛이 비쳐드는 두 개의 창이며, 어떠한
관념도 이 창을 통하지 않고서는 우리의 오성 속에 들어갈 수 없다'고
썼습니다.

　로크는 이러한 오성의 활동을 통하여 얻은 지식 체계를 직관적 지식
과 논증적 지식, 그리고 감각적 지식의 세 가지 종류로 구분합니다. 여
기서 그는 이 세 가지 지식 중 직관은 직접적으로(예를 들면, '있는 것은 없
는 것이 아니다'와 같이 아무런 논증이나 경험 없이 아는 지식), 논증은 간접적으로
(예를 들면, 수학적 공리처럼 논리적으로 증명할 수 있는 지식) 확실한 지식을 줄 수
있지만, 감각은 확실한 지식을 줄 수 없으므로 낮은 단계의 인식이라고
주장합니다. 이 점에 있어서만큼은 앞서 데카르트를 비롯한 합리론자

들의 주장과 다를 바가 없습니다. 그런데 '확실성의 정도는 낮더라도 우리에게 유용한 지식을 줄 수 있는 유일한 원천은 바로 감각적 경험'이라는 것이 로크의 주장입니다. 그리고 바로 이점이 합리주의자들과 대비되는 것이며, 우리가 로크를 경험주의 철학의 창시자라고 부르는 이유입니다.

현실적으로 우리의 생활을 가능케 해주는 우리의 인

런던대학의 로크 조각상

식과 사유는 복합 관념 또는 단순 관념들의 연합으로서, 감각적 경험으로부터 시작됩니다. 로크는 감각적 인식은 사물 자체의 진짜 모습, 즉 사물의 본질에 대한 지식을 줄 수 없지만 우리로서는 참된 사물들의 본질에 대한 인식이 불가능하다는 것을 인정해야 하며, 우리의 사유와 인식을 가능하게 해주는 유일한 원천인 감각 경험을 올바르게 사용해야 한다고 주장합니다.

더 나아가 로크는 우리의 관념과 대상의 본질이 일치하는지 확인할 수는 없지만, 우리의 관념이 틀리지 않다고 일단 인정할 것을 요청합니다. 단순 관념은 공상의 산물이 아니라, 우리의 외부에 실제로 존재하는 사물들이 우리에게 실제로 작용을 하면서 정상적으로 만들어낸 것이므로 믿을 만하다는 것입니다. 다만, 우리가 단순 관념들을 신뢰하고 타당하게 여긴다고 해서 그것이 절대적으로 확실하다는 의미는 아니라고 경고합니다. 감각이나 내적 반성을 통해 형성된 우리의 단순 관념들과 실제 사물들의 본질 사이에는 어떠한 확실한 연결점도 확인되지 않았으므로, 여기서 얻은 지식은 현실 생활에서 유용하고 실용적인 일반적 개연성만 줄 뿐 절대적 확실성은 보장하지 않기 때문입니다. 로크는 이렇게 이야기합니다.

우리가 해야 할 일은 모든 것을 아는 일이 아니라, 우리의 행위에 관한 것들을 아는 일이다. 우리는 생활의 편의와 덕을 위한 식견을 합리적으로 준비하기에 넉넉할 만큼 알고 있다. 우리가 비록 세계의 참된 구조가 어떠한 것인지는 알지 못할지라도 우리 인간사를 어떻게 처리할 것인지는 알고 있다. 세계 안에 있어서의 우리의 처지는 배를 타고 있는 선원과 같다.

어찌 보면 로크의 경험론은 주관주의와 불가지론의 경향을 보이고 있습니다. 사람들이 사유하기 위해 사용하는 모든 자료는 사람들의 마음속에만 존재하는 주관적 관념들이며, 따라서 사람들은 외부 세계의 참된 성질에 관해서는 알 수 없다는 것입니다. 그렇다고 로크를 회의주의자나 불가지론자로 단정해서는 곤란합니다. 로크의 인식론에서 우리가 중요하게 여겨야 할 점은, 우리는 절대적 진리나 확실한 지식을 알 수 없으므로 서로 자신이 틀릴 수도 있음을 인정하고, 상대방에 대한 배려와 관용, 대화와 타협의 태도를 가져야 한다는 것입니다. 다시 말해, 상식이 통하는 민주주의 사회에서의 바람직한 덕목을 말하고 있다는 사실을 간과하지 말아야 합니다.

* 국가권력의 작용을 입법·행정·사법의 셋으로 나누고, 이를 각각 별개의 기관에 이것을 분담시켜 상호간에 견제와 균형을 유지시킴으로서 국가권력의 집중과 남용을 방지하려는 정치조직의 원리이다.

실제로 로크는 경험주의 철학자일 뿐만 아니라, 근대 민주주의의 확립자로 더 유명합니다. 오늘날 대부분의 민주국가 체제에서 보장하고 있는 삼권분립*이나 국민주권, 사유재산권 등의 원리가 모두 로크로부터 비롯되었다고 할 수 있기 때문입니다.

한 줄로 읽는 로크

- 근대 인식론의 선구자이자 경험론의 창시자이다.
- 모든 관념은 오직 경험에 의해서만 형성된다는 의미로 '인간의 마음은 백지와 같다'고 말했다.
- 합리론자의 본유관념을 부정하고, 경험할 수 없는 것은 인식할 수 없다고 주장했다.
- 삼권분립, 국민주권, 사유재산권 등 근대 민주주의 사상에 많은 영향을 끼쳤다.

자아란 관념들의 묶음일 뿐이다

데이비드 흄
David Hume 1711~1766

누군가 '내일은 해가 서쪽에서 뜨겠네.'라고 말하면 아무도 믿지 않을 것입니다. 지구의 자전 방향과 현재 위치하고 있는 위도 등을 거론하며 얼마든지 과학적으로 반박할 수 있기 때문입니다. 그렇다면 과학적 지식이 없던 옛날 사람들은 내일 태양이 틀림없이 동쪽에서 뜰 것이라는 사실을 어떻게 설명했을까요? 아마 '하루도 빠짐없이 매일 그랬으니까.'라고 답할 것입니다.

사실 세상에 대한 우리의 지식도 대개 이런 식입니다. 반복적으로 경험하고 관찰한 사실들에서 규칙을 찾아내고 미래에도 똑같은 사실이 일어날 것이라고 예측을 하게 되는 겁니다. 이렇게 개별적 사실들에 대한 관찰을 토대로 일반적인 원칙을 찾아내어, 아직 관찰되지 않은 사실들에 적용하는 인식 방식을 귀납적 추리라고 합니다. 그런데 귀납적 지식은 확실성을 장담하기 어렵습니다. 20세기 위대한 철학자 러셀*은 다음과 같은 예를 들었습니다.

한 농부가 거위를 키우며 매일 일정한 시간에 모이를 주었습니다. 어느 날 같은 시간에 주인이 나타나자 거위는 맛있는 식사를 위해 주인 앞으로 달려갔습니다. 그런데 이 날은 주인이 반가운 손님에게 거위 요리를 대접하려고 거위를 잡으러 온 것이었습니다. 그동안 매일 경험했던 것과 다르게 그 거위는 맛있게 모이를 먹는 대신 누군

* 러셀(1872~1970)은 영국의 철학자이자 문필가이다. 프레게의 영향을 받았으며, 수학을 논리학으로 환원시킨 <수학 원리>으로 수리철학과 기호논리학이라는 새로운 학문의 지평을 열었다. 집합론에서 '러셀의 패러독스' 발견으로 유명하다.

가의 식사거리가 되고 말았습니다. 러셀이 이 예를 통해 보여주고자 한 것은 귀납적 추리의 불확실성입니다.

그렇다면 우리는 무엇을 어떻게 확실히 안다고 말할 수 있을까요? 일찍이 데카르트는 '생각하는 자아'의 확실성으로부터 세계에 대한 지식을 연역해 나아갈 수 있다고 확신했지만, 로크가 인간 인식에 대한 경험론적 탐구를 진행한 이후 이러한 확신은 많이 약해졌습니다. 특히 영국의 데이비드 흄은 '당연한 사실'에 대해서조차 우리의 이성은 그 어떤 확실한 인식도 줄 수 없다며, 인과관계뿐 아니라 자아라는 실체까지 의심합니다. 흄을 회의주의자로 부르는 것도 이 때문입니다.

서양철학사에서 흄이 차지하는 중요성은 상당합니다. 칸트는 자신이 흄으로부터 받은 영향을 "데이비드 흄에 대한 나의 기억은 내가 수년 동안 빠져 있었던 독단의 잠에서 비로소 깨어날 수 있게 해주었다."라고 표현했습니다. 아울러 현대의 언어분석철학과 논리실증주의도 흄의 철학으로부터 큰 영향을 받았습니다.

인상과 관념

영국의 가장 위대한 철학자 중 한 명인 데이비드 흄은 1711년 스코틀랜드 에든버러에서 태어났습니다. 귀족 가문에서 자란 흄은 온화한 성품을 갖췄을 뿐 아니라 불과 열두 살의 나이에 에든버러대학에 입학할 정도로 총명한 아이였습니다. 그는 대학 공부를 하고 나서 부모의 바람대로 법률가가 되려고 했으나 철학에 대한 열정으로 그 길을 포기하고 철학에 매진하기로 결심합니다. 그리고 최초의 저서인 〈인간 본성론〉을 세상에 내놓았습니다.

그러나 〈인간 본성론〉에 대한 세상은 반응은 차가웠습니다. '인쇄기에서 나오자마자 죽은 채 떨어졌다.'라고 말할 정도였습니다. 더욱이 세상을 의심하는 회의론자에 영혼을 믿지 않는 무신론자라는 비난까지 받아야 했습니다. 그러다 1751년 에든버러대학 법학부의 도서관 사서가 되면서 안정을 되찾습니다. 이 시기에 〈영국사〉를 집필하여 출간했는데, 베스트셀러가 되어 처음으로 유명세를 얻습니다. 그 이후 〈인간 지성에 대한 논고〉와 〈도덕 원리에 대한 논고〉 등을 출간하며 점점 명성을 쌓아갔습니다. 말년에 이른 흄은 1775년 봄부터 병을 앓기 시작하다가, 1776년 8월 25일에 65세의 나이로 사망하여 에든버러에 묻혔습니다.

흄은 사고와 인식 등 우리의 정신활동은 감각경험에 의해 우리에게 주어지는 재료들로 이루어져 있다고 합니다. 그는 이러한 재료들을 지각(perception)이라고 부르고, 이 지각을 인상(impression)과 관념(idea)으로 구분했습니다. 경험론자인 흄은 감각경험을 통한 인상과 관념만을 인식의 원천으로 보았습니다. 그 중에서도 사유의 원초적인 재료는 인상이고, 관념은 단지 인상의 모사에 불과하다고 주장합니다.

에든버러에 있는 흄의 묘

흄에 따르면, 인상과 관념의 차이는 '생생함'의 정도에 있습니다. 예를 들어 극장에서 영화를 볼 때, 멋진 주인공의 액션을 생생하게 눈으로 직접 본 것은 인상이고, 집에 돌아와서 다시 그 장면을 생각할 때 머리 속에 나타나는 장면은 관념입니다. 또 우리가 고통을 느낄 때, 직접적인 그 '고통'은 하나의 인상이고, 이 고통스런 느낌에 대한 기억은 관념입니다. 인상은 생생하지만 이러한 인상을 다시 생각할 때 생겨나는 관념은 원래의 인상보다 덜 생생한 영상에 지나지 않습니다. 이렇게 해서 흄은 그의 인식론의 제1원리인 '인상은 관념에 앞선다'는 명제를 세웁니다.

흄은 다시 인상과 관념을 단순 인상과 복합 인상, 단순 관념과 복합 관념으로 구분합니다. 예를 들어 책상 위에 사과가 놓여 있다고 가정해 보죠. 이때 우리는 사과와 책상을 따로따로 볼 수도 있고, 책상과 사과 전체를 볼 수도 있습니다. 사과와 책상은 각각 단순 인상이고 그 장면 전체에 대한 인상은 복합 인상입니다. 그런데 엄밀히 말하면, 우리가 지각하는 감각 인상은 사실 모두 복합적이라 할 수 있습니다. 왜냐하면 우리는 '사과'라는 단순 인상을 다시 동그란 '형태'와 빨간 '색깔'로 분리해서 지각할 수 있는데, 이때 형태와 색깔은 단순 인상이고, 사과는 복합 인상이라 할 수 있기 때문입니다.

각각의 인상들은 이에 상응하는 단순 관념 혹은 복합 관념을 형성합니다. 이렇게 인상 혹은 관념을 더 단순한 것으로 분리하는 과정이 이성의 활동입니다. 그런데 이성은 복합적인 지각(인상과 관념)들을 단순하게 분리할 뿐 아니라 단순한 지각들을 결합하여 복합적인 지각을 형성하기도 합니다. 흄은 이러한 이성의 활동을 '상상력'이라고 부릅니다.

흄에 의하면, 상상력은 자신이 분리한 단순지각(관념)들을 임의로 결합합니다. 이때 상상력이 구성해 낸 복합 관념에 상응하는 복합 인상이 있다면, 그 복합 관념은 진리지만 여기에 상응하는 복합 인상이 없다면 그 복합 관념은 허구입니다. 예를 들어 '하늘'이라는 단순 인상으로부터 얻은 단순 관념과 '말'이라는 인상으로부터 얻은 단순 관념을 결합하여 '하늘을 나는 말'이라는 복합 관념을 만들어낼 수 있지만, 여기에 상응하는 복합 인상이 없으므로 이것은 허구라는 것입니다.

그렇다면 신이나 영혼, 실체에 대한 관념은 어떨까요? 여기에 상응하는 인상을 확인할 수 있을까요? 흄의 대답은 'No'입니다. 그는 이러한 개념들이 상상에서 나온 것으로, 이성이 구성해 놓은 허구적인 복합 관념일 뿐이라고 말합니다. 즉, 신이나 영혼불멸, 실체 등의 개념을 기초로 한 기존의 형이상학들은 이성의 몽상에 지나지 않으며, 이러한 몽상을 진리라고 우기는 것은 '이성의 독단'이라는 것이 그의 주장입니다.

흄의 《인간 본성론》

아니 땐 굴뚝에 연기 날까

저 산 너머에 연기가 피어오르는 것을 보면 우리는 자연스럽게 '불이 났나보다'라고 추측을 합니다. 당연히 어떤 현상이 일어나기 위해서는 그 원인이 있을 것이고, 우리는 많은 경험을 통해 어떤 현상과 그 원인에 대한 지식을 얻을 수 있습니다. 뉴턴이 사과나무에서 사과가 떨어지는 것을 보고 만유인력의 법칙*을 발견했다는 일화에서도 알 수 있듯이, 대부분의 과학적 지식은 우주의 운행에 내재한 인과의 법칙을 찾아내려는 노력으로부터 시작되었습니다. 즉, 과학적 지식이란 어떤 대상이나 사건의 참된 원인을 밝히고, 여기서 발견된 인과적 법칙을 통해 앞으로 일어날 결과를 정확히 예측하는 지식이라고 할 수 있습니다. 여기서 이러한 과정을 수행하는 인간의 능력이 바로 이성입니다. 일반적으로 우리는 인과법칙을 따르는 과학적 지식이 정확하다고 생각합니다. 그러나 흄은 이러한 우리의 일반적인 생각을 거부합니다.

흄에 의하면, 인상으로 확인되지 않는 관념은 사실이라 할 수 없습니다. 그리고 이러한 그의 주장은 이제 자연 만물의 운행원리라고 우리가 굳게 믿고 있는 인과성마저 부정하는 단계까지 다다릅니다. 흄은 먼저, 관념들은 인상의 모사인데 어느 인상이 우리에게 인과의 관념을 주는지 묻습니다. 아무리 찾아보아도 이 '인과'라는 관념에 대응하는 인상은 발견할 수 없습니다. 그렇다면 이 인과의 관념은 어디서 온 것일까요?

우리가 한 사건을 다른 사건의 원인 혹은 결과라고 추론할 수 있는 것은 경험에 의해서입니다. 그런데 그 경험으로부터 우리는 '사건의 근접성'과 '시간적 선행'에 대한 인상을 가질 뿐 '필연적 관계'의 인상을 갖지는 못합니다. 예를 들어 나무 가지 위에 앉아 있던 까마귀가 갑자기 날아가자, 그

* 모든 물체 사이에는 서로의 질량의 곱에 비례하고 거리의 제곱에 반비례하는 인력이 작용한다는 법칙을 말한다. 1665년에 영국의 물리학자 아이작 뉴턴이 발견했다.

가지에 매달려 있던 배가 땅으로 떨어졌다고 해 보죠. 이때 우리가 관찰할 수 있는 것은 두 사건이 같은 장소에서 거의 같은 시간에 발생했다는 것(사건의 근접성)과, 배가 떨어지고 나서 까마귀가 날아간 깃이 아니라 까마귀가 날고 나서 배가 떨어졌다는(시간적 선행) 사실입니다. 그러나 이러한 경험만으로 까마귀가 날면 필연적으로 배가 떨어진다는 인과법칙을 주장할 수 있을까요?

흄에 의하면, 우리가 어떤 사건들 혹은 사물들 사이의 '인과성'이라는 관념을 갖게 되는 이유는 동일한 경험을 지속적으로 반복하기 때문입니다. 그렇지만 엄밀히 말해서 반복적으로 경험된 각각의 사건들은 모두 개별적인 것으로, 그 사건들을 필연적으로 결합해 주는 관계, 즉 인과성에 대한 인상은 확인되지 않습니다. 그래서 흄은 인과성은 우리가 관찰하는 대상 속의 성질이 아니라 오히려 A와 B라는 사건들에 대한 반복적 관찰과 경험을 통해서 정신에 생겨난 '연상의 습관(habit of association)'이라고 말합니다. 즉, 자연의 모든 사건들은 각각 분리되어 있는데, 그것들을 연결 짓는 것은 우리의 관념이라는 주장입니다. 여기서 더 이상 '존재하는 것은 모두 그 존재 원인을 가져야 한다.'는 원리를 받아들일 수 없습니다. 경험으로 확인할 수 없는 어떠한 원리들을 절대적 진리로 확신하는 것은 이성의 독단이기 때문입니다.

'자아'란 무엇일까

느닷없이 '당신은 누구십니까?'라는 질문을 받는다면 자신을 어떻게 설명해야 할까요? 대개 이름과 나이, 현재 직업과 직무, 사는 곳, 가족관계, 취미와 특기 등, 자신을 설명하기 위해 여러 가지 특성들을 설명할 것입니다. 그런데 철학적으로 생각해 보면, 이러한 설명들은 '나'라고 하는 '실체의 속성들'일 뿐입니다. 그렇다면 그러한 속성들을 지니고 있는 실체로서의 나 자체는 과연 어떤 사람일까요. 속성들을 다 제거하고 남는 진정한 나는 누구일까요. 내가 '나'라고 알고 있는 지금의 '나'는 10년 전의 나와 같은 사람일까요? 같은 사람이라면 그때의 나를 구성하던 속성들이 현재의 내 속성과 같다는 뜻일까요, 아니면 대부분의 속성들이 변했더라도 그 속성들이 깃들어 있는 실체로서의 나는 변하지 않고 지속하고 있다는 의미일까요? 변화무상한 모든 속성들 너머에 변하지 않고 지속하는 내가 있다면, 그 '나'를 나는 어떻게 알 수 있을까요?

흄에 의하면, 나는 나를 알 수 없습니다. 그는 우리가 자아에 대한 어떠한 관념도 가질 수 없다고 생각합니다. 일반적으로 우리는 자아가 일생을 통해 동일하게 지속된다고 믿습니다. 흄은 이러한 '자아'라고 하는 우리의 관념에 대해 회의적입니다. 흄의 제1원리에 의하면 모든 관념은 인상으로부터 나옵니다. 그런데 '자아라는 관념은 도대체 어떠한 인상으로부터 나온 것인가'라고 그는 묻습니다. 만일 어떤 인상이 자아의 관념을 일으킨다면, 그 인상은 우리 삶의 전 과정을 통해서 불변하는

에든버러 로열마일에 있는 흄의 조각상

동일한 것으로 유지되어야 할 것입니다. 왜냐하면 우리의 '자아'는 다른 어떤 사람이 아닌 바로 '나'라고 하는 불변의 동일한 자아이기 때문입니다. 그런데 그런 불변의 인상을 우리는 찾을 수 없습니다.

우리가 경험하는 것은 단편적인 갖가지 인상들뿐, 이것들의 기반이 되는 실체로서의 '자아'에 대한 인상은 아닙니다. 그래서 흄은 이렇게 이야기합니다.

인간은 서로 다른 지각들의 한 다발이거나 집합일 뿐이며, 이 지각들은 생각할 수 없을 정도로 빠르게 서로 연계하며 영원히 흐르고 운동한다. … 단 한 순간이라도 변화 없이 동일한 것으로 남아 있는 영혼의 유일한 능력은 없다. 정신은 일종의 극장이다.

흄에 의하면 우리의 자아는 서로 다른 다양한 지각들로 이루어진 하나의 체계이므로, 그 체계를 구성하는 지각들의 끊임없는 상호작용 때문에 이 자아는 언제나 변화할 수밖에 없습니다. 즉, 자아는 단일 불변한 것이 아니라 다양한 요소들이 연합 원리에 따라 합일된 통일체로서, 언젠가는 해체될 존재라는 것입니다.

이성의 능력에 대한 회의주의

근대정신의 큰 특징 중 하나는 이성에 대한 신뢰, 즉 합리주의라 할 수 있습니다. 흄의 철학을 회의주의라 부르는 이유는 이성의 무한한 능력을 낙관하는 합리주의자들의 사상에 대해 비판적이고 회의적이었기 때문입니다. 흄은 이렇게 말합니다.

이성은 '직각삼각형의 빗변의 제곱은 다른 두 변의 제곱을 합한 것과 같다.'와 같은 형식적인 진리를 식별할 수 있다. 그러나 이러한 명제들은 세계의 실제 사실에 상관없이 사고의 활동만으로 발견할 수 있는 것이다. 이러한 관념들의 관계에 대한 연구로부터 실재적 존재나 사실 문제에 관한 연구로 나아갈 수는 없다.

이성은 관찰과 실험을 통해 경험된 지각(인상, 관념)들 간의 형식적 관계를 다룰 뿐, 우리 외부의 실제 세계에 대한 어떠한 지식도 줄 수 없습니다. 세계에 대한 지식은 오직 경험을 통해 획득할 수 있다는 것이 흄의 기본 입장입니다. 우리가 어떤 관념을 가지고 있고 그 관념에 해당하는 인상이 실제로 존재하는 경우, 세계의 사실에 대한 우리의 관념은 참이라고 할 수 있을 것입니다. 그러나 엄밀히 따져 보면, 외부 대상을 지각한다고 할 때, 우리가 지각한 의식의 내용과 그 대상과의 일치 여부를 확인할 수 없습니다. 따라서 인상도 확실한 진리의 기준이 될 수 없습니다. 그것은 단지 우리에게 신념을 줄 수 있을 뿐입니다.

이처럼 세상의 사실들을 인식할 때, 어떤 문제에 대해서도 그 답이 무엇인지 확실하게 결정할 합리적인 추론의 기초가 없습니다. 경험은 논증의 대상이 아니며, 경험 자체가 불확실하기 때문에 경험을 논거로 삼을 수도 없습니다. 그럼에도 불구하고 우리는 경험을 근거로 일상생활에서 추리하고 판단합니다. 왜냐하면 이성은 사실 문제에 대해 전혀 진리 여부를 주장할 수 없지만, 반복적인 경험은 우리의 일상생활에 유용한 신념을 주기 때문입니다. 이성은 신념을 따를 뿐입니다.

흄은 사실의 문제에서 뿐 아니라 인간의 행위에 있어서도 이성은 그 능력과 기능에 한계가 있다고 보았습니다. 이성은 어떤 목적에 대한 수단을 우리에게 가르쳐 줄 수는 있지만 무엇이 그 자체로 정말 좋은 것인지에 대해서 알려주지는 못한다는 것입니다. 이를테면 이성은 '영원하고 불변적인 도덕적 원칙'을 알려주지 못합니다.

흄은 도덕에 있어서 그 토대는 도덕적 정서라고 보았습니다. 인간의 행위를 결정하는 것은 이성이 아니라 정서, 혹은 정념이라는 것입니다. 흄은 도덕적 정서의 궁극의 목적이 사회 일반에 대한 사랑, 인류의 행복을 위하는 감정이라고 주장합니다. 타인들에 대한 동정과 봉사의 욕망은 인간의 궁극적 특성입니다. 비록 동정심이 소원한 관계의 사람보다는 가까운 사람에게 더 강할 수는 있지만 점차 많은 사람들에게 널리 퍼져나간다는 것입니다.

결론적으로 흄의 '회의주의'에 담긴 진정한 의미는, 당시 유행하고 있던 이성 만능주의를 비판하며, 이성의 한계를 인정하고 이성만으로는 해결할 수 없는 인간의 본성과 행위의 문제에 대한 새로운 고찰을 시도한 것이라고 할 수 있습니다.

한 줄로 읽는 흄

- 인과법칙은 물론 자아의 존재까지 의심한 회의주의자이다.
- 감각 경험을 통해 얻은 인상과 관념만이 인식의 원천이라고 주장했다.
- 세계에 대한 지식은 오직 경험을 통해서만 획득할 수 있다고 주장했다.
- 칸트를 독단의 잠에서 깨어나게 해준 철학자이다.

내용 없는 사유는 공허하며,
개념 없는 직관은 맹목이다

임마누엘 칸트
Immanuel Kant 1724~1804

조선을 건국한 태조 이성계가 무학대사에게 "그대는 돼지같이 보이오." 했더니, 무학대사*는 이성계에게 부처같이 보인다며, 돼지 눈에는 돼지만 보이고 부처 눈에는 부처만 보인다고 대답했습니다. 뚱뚱한 무학대사를 놀려주려 했던 이성계가 오히려 한 방 얻어맞은 격인데, 외모로 사람을 평가하거나 놀려서는 안 된다는 교훈이 담긴 일화입니다.

이 말은 불교에서 말하는 '일수사견(一水四見)'이라는 비유와 같습니다. 똑같은 물이 하늘에 사는 천사의 눈에는 보석으로 보이고, 인간에게는 물로 보이고, 아귀(배고픈 귀신)에게는 피고름으로 보이고, 물고기에게는 편안한 집으로 보인다는 뜻입니다. 돼지에게는 돼지가 보는 방식으로 세상이 보이고, 부처에게는 부처가 보는 방식으로 세상이 보이겠죠. 그러니 보이는 세상은 보는 방식에 의해 규정될 수밖에 없을 것입니다.

그렇다면 바라보는 사람(혹은 돼지든 물고기든)에 따라 세상이 다르게 보인다면, 세상 그 자체의 진실한 모습은 어떤 것일까요? '보는 이(인식주관)'와 상관없이 '보이는 것(인식대상)'은 자기 자체의 모습을 가지고 있을까요? 우리는 어떻게 세계의 진실한 모습을 알 수 있을까요? 이러한 문제를 근본적으로 탐구한 철학자가 바로 칸트입니다.

* 이성계를 도와 조선 건국에 기여하였고 왕사를 지낸 조선의 승려이다. '왕십리의 유래'나 '선바위 유래'처럼 무학대사와 관련하여 다양한 전설이 전해지고 있다.

보이는 세상, 보는 세상

칸트는 1724년 동프로이센의 쾨니히스베르크에서 11남매 중 넷째로 태어났습니다. 칸트의 아버지는 말의 안장을 만드는 마구상이었고, 어머니는 독실한 경건주의 신자였습니다. 칸트는 정신적인 면에서 특히 어머니로부터 많은 영향을 받았습니다. 칸트의 생애는 평생 쾨니히스베르크를 벗어나 본 적이 없을 만큼 단조로웠으며, 생활도 매우 규칙적이었습니다. 칸트가 얼마나 자신의 일정을 정확히 지켰는지 이웃사람들이 그의 일상을 보고 시계 바늘을 맞추었다는 유명한 일화가 전해질 정도입니다.

1740년에 쾨니히스베르크대학에 입학한 칸트는 대학 졸업 후에 무려 15년 동안 대학강사로 일합니다. 그러다 1770년 마흔여섯의 나이에 논리학과 형이상학을 가르치는 정식교수로 임용됩니다. 그 후 오직 철학 연구에만 매달린 칸트는 1781년에 서양철학사에서 가장 중요한 저서 중 하나로 손꼽히는 〈순수이성비판〉을 세상에 내놓습니다. 그리고 1788년에 〈실천이성비판〉, 1790년에 〈판단력 비판〉을 출간하여 이른바 3대 비판철학서를 모두 완성합니다.

1804년 2월 12일에 칸트는 늙은 하인에게 포도주 한 잔을 청해 마시고 "좋다!"는 말을 마지막으로 생을 마감합니다. 장례식 날에는 수천 명의 쾨니히스베르크 시민이 운구 행렬을 이루며 그의 죽음을 애도했습니다. 현재 칼리닌그라드(옛 쾨니히스베르크)에 안치되어 있는 칸트 묘에

쾨니히스베르크에 있는 칸트의 집

는 〈실천이성비판〉의 유명한 한 구절이 적혀 있습니다.

내 마음을 항상 더 새롭고 더 강렬한 감탄과 경외심으로 가득 채우는 두 가지가 있다. 그것은 내 머리 위로 별이 가득한 하늘과 내 마음속에 들어 있는 도덕법칙이다.

칸트는 데카르트 전통의 대륙합리론과 로크 이후의 영국경험론을 종합한 철학자로 유명합니다. 앞서 살펴보았듯이 데카르트 등 합리론 자들은 경험의 힘을 빌지 않고도 이성의 힘만으로 보편타당한 진리를 인식할 수 있다고 믿었습니다. 시각, 촉각 등의 감각을 통한 경험은 주관적이고 상대적인 것이라 믿을 수 없고, 신이 부여한 이성의 힘으로 수학적 논증을 통해 사실들을 절대적으로 확실하게 인식할 수 있다는 주장입니다. 즉, 합리론에 따르면 세계(인식대상)는 보는 이(인식주관)와 상관없이 그 자체의 모습을 가지고 있고, 우리는 감각적 경험이 아닌 이성의 힘으로 세계를 '있는 그대로' 인식할 수 있다는 것입니다.

반면 경험론자들은 오직 경험만이 인간에게 세계에 대한 유용한 지식을 제공할 수 있다고 주장합니다. 로크는 선천적으로 우리에게 주어진 어떠한 관념도 없고, 이성으로써 확실하고 절대적인 지식을 획득하는 것은 불가능하다고 말합니다. 단지 반복된 경험을 통해 주관적인 신념과 개연적인 지식만을 얻을 수 있고, 이러한 신념과 상식이 실제 생활에서 도움이 되는 유일한 지식이라는 것입니다. 그런가 하면 영국경험론의 완성자인 흄은 자아나 신과 같은 실체는 물론, 심지어 자연세계의 '인과성'마저 부정하고, 단지 그것은 인간의 주관적 신념일 뿐이라고 주장합니다. 즉, 우리는 세계의 진실한 모습이 어떤 것인지 결코 알 수 없다는 것입니다.

칸트는 합리론자들이 인간의 이성을 지나치게 확신하는 바람에 현실 세계의 경험은 무시한 채 '합리적인 사유'만 중시하는 독단적인 형이상학에 빠져 있다고 보았습니다. 한편 오직 경험만을 지식의 원천으로 생각하는 경험론자들은 우리가 알 수 있는 것은 주관적이고 상대적일 뿐, 절대적으로 확실한 것은 아니라는 회의론에 빠져 있다고 보았습니다.

칸트가 활동하던 당시 18세기의 유럽은 물리학과 천문학, 화학 등 기초과학뿐 아니라 이를 응용한 각종 기계와 의료방법의 발명 및 발견이 눈부신 발전을 이루고 있었습니다. 경험론에 따르면 이처럼 눈부신 발전을 이룩한 과학적 지식도 불확실하고 믿을 수 없는 것입니다. 한편 합리론에서는 경험을 무시하므로, 과학의 핵심이라 할 수 있는 실험과 관찰 등의 중요성을 제대로 설명할 수 없었습니다.

칸트의 〈순수이성비판〉

칸트는 이 지점에서 철학의 사명을 깨달았습니다. 새 시대를 열고 있는 과학의 인식론적 근거를 세우는 작업이 그것이었습니다. 독단적인 합리론이나 회의적인 경험론은 과학적 지식의 근거를 제대로 설명할 수 없었습니다. 그래서 칸트는 합리론의 독단에 빠지지 않으면서도 신뢰할 수 있는 학문의 기초를 다시 세울 필요를 느꼈으며, 합리론과 경험론의 장점을 취하여 새로운 학문의 체계로 통합하는 길로 나아갔습니다.

인식이 대상을 향해 있는 것이 아니라 대상이 인식을 향해 있다

칸트는 지식이 그 내용으로 여러 종류의 '판단'을 한다고 말합니다. 판단이란 어떤 대상에 대하여 어떤 주장을 하는 것으로, 그것을 문장의 형태로 나타낸 것이 '명제(命題)'입니다. 판단은 주어와 술어로 이루어진 형태를 띠며, 어떤 대상이나 사실에 대해 참 또는 거짓으로 구별할 수 있는 주장을 하는 것입니다. 즉, 참 또는 거짓으로 판단할 수 있는 명제들이 우리의 지식을 구성하는 단위라는 것입니다. 판단은 종합판단과 분석판단으로 구분할 수 있고, 또 '선천적인(a priori)' 판단과 '후천적인(a posteriori)' 판단*으로 구분할 수 있습니다. 종합판단은 분석판단과 대비되고, 선천적 판단은 후천적 판단과 대비되는 개념입니다.

　분석판단이란 그 판단(명제)의 술어가 단순히 주어를 되풀이하거나 혹은 주어를 여러 요소로 나누어, 주어 속에 모호하게 들어 있는 여러 가지 요소들 가운데 어떤 것을 분명하게 드러내는 판단입니다. 즉, 세계에 대한 정보를 제공하기보다는 주어개념을 명확히 설명하는 판단을 말합니다. 예를 들어 '그 총각은 결

* 'a priori'와 'a posteriori'는 '보다 앞선 것으로부터' 및 '보다 나중의 것으로부터'라는 뜻의 라틴어에서 유래했으며, 각각 '선천적' '후천적'으로 번역된다. 보통 경험이 필요 없는 논리법칙이나 수학의 정리를 선천적 진리라고 하며, 경험이 필요한 자연과학의 법칙을 후천적 진리라고 한다.

혼하지 않았다'라는 판단은 주어 '총각'의 개념 속에 이미 '결혼하지 않았다'라는 술어의 내용이 포함되어 있으므로 새로운 정보를 주는 것이 아니라 주어의 의미를 명확히 설명해주는 것이므로 분석판단입니다.

한편 종합판단이란 술어가 주어개념을 넘어서서 새로운 정보를 첨가하는 판단입니다. 예를 들어 '그 총각은 안경을 끼고 있다'라는 판단을 보면, 주어 '그 총각'을 아무리 분석해도 '안경을 끼고 있다'는 술어를 이끌어 낼 수 없습니다. 사실의 확인을 통해 그 판단의 옳고 그름을 확인할 수 있을 뿐입니다. 이러한 판단을 종합판단이라 합니다. 종합판단은 그것이 참된 판단일 경우 우리의 지식을 늘려줍니다. 따라서 과학적 지식의 확대는 종합판단을 통해 가능합니다.

칸트는 선천적 판단은 그 근거가 선천적인 이성에 갖추어져 있어서 어떠한 개별적인 경험과도 관계없이 보편타당하지만, 후천적 판단은 경험에 의해 획득된 것이므로 보편타당성을 갖지 못한다고 설명합니다. 예를 들어 긴 연필 두 자루를 잇대 놓으면 짧은 연필 두 자루를 잇대어 놓는 것보다 더 길 것입니다. 이는 직접 경험해 보지 않아도 누구나 당연히 알 수 있을 것입니다. 이러한 판단을 선천적이라고 합니다. 반면 '긴 연필은 짧은 연필보다 부러뜨리기 쉽다.'는 명제(판단)는 어떨까요? 누구나 다 즉시 알 수 있을까요? 실험을 해봐야 알 것입니다. 이러한 판단은 후천적(경험적)입니다.

이처럼 분석판단은 경험적 사실에 관계없이 주어-술어간의 논리적 관계만을 분석하므로 선천적 판단이고, 종합판단은 경험을 통해 그 진위를 확인해야 하므로 후천적 판단이라 할 수 있습니다. 그런데 칸트는 세상에 대한 지식을 제공하면서도(종합적) 필연적이고 보편적이 되려면(선천적), 그 지식은 선천적이면서도 종합적이어야 한다고 생각했습니다. 그래서 칸트는 경험에 의존하지 않으면서도(선천적) 세계에 대한 정보를 줄 수 있는 판단, 즉 선천적 종합판단이 어떻게 가능한지 탐구하기 시작했습니다.

우선 칸트는 수학이나 기하학 등의 지식이 선천적 종합판단에 속한다고 주장합니다. 예를 들어 '7+5=12' 혹은 '직선은 두 점간의 최단선이다'와 같은 판단은 누구에게나 확실하며, 어떠한 경험도 필요로 하지 않으므로 선천적인 것이고, 주어 속에 술어가 포함되어 있지 않으므로 종합판단입니다.

그렇다면 물리학과 같은 과학적 지식은 어떨까요? 과학적 지식들은 세계의 사실에 대한 새로운 정보를 주는 학문이므로 종합판단이지만, 과연 이러한 지식들이 누구에게나 타당하고 필연적인 선천적 판단이라고 볼 수 있을까요? 칸트는 그렇다고 생각했습니다. 그래서 세계의 사실에 대한 과학적 지식이 '선천적이고 종합적'인 지식(선천적 종합판단)임을 논증하는 것이 칸트의 목표였고, 이를 이룩한 것이 칸트의 위대한 업적이라 할 수 있습니다.

칸트는 세계의 사실에 대한 선천적 종합 판단이 가능할 수 있는 근거를 신이나 외부 세계가 아니라, 인식의 주체인 인간 자신에게서 구하였습니다. 즉, 인간은 인식 주체로서 자신의 고유한 (선천적)인식의 틀에 따라 세계를 이해하고 해석한다는 것입니다. 한편 인식 대상인 세계는 우리의 선천적인 인식 형식, 비유하자면 '우리 눈에 씌운 선글라스의 색깔'에 따라 보이고 이해된다는 것입니다.

이렇게 칸트는 인식 주관의 '선천적인 형식'(예를 들면 인간은 가시광선만을 볼 수 있는 눈을 가지고 태어났죠)이 바로 인식된 '대상세계'를 구성하는 것(눈을 통해 세계가 경험됩니다)이며, 이러한 인간의 인식은 선천적이자 종합적인 판단이 될 수 있고, 따라서 세계에 대한 참된 인식이 가능하다고 보았습니다. 칸트는 이러한 자신의 시도를 '코페르니쿠스적 전환'이라 불렀습니다. 기존의 인식론에서는 우리가 대상으로부터 지식을 수동적으로 받아들인다고 생각했지만, 칸트는 이를 뒤집어 우리의 인식 주관이 대상을 주관적 형식에 맞게 규정한다고 본 것입니다. 즉, 보편적이면서도 선천적인 인식의 틀에 따라 경험을 인식함으로써 선천적인 종합 인식이 가능하다는 것입니다. 이처럼 칸트가 규명하고자 한 인식론은 '대상에 대한 인식이 아니라, 선천적으로 가능한 대상 인식의 방법에 관한 인식'라는 의미에서 '선험적 인식론'이라고 부릅니다.

그런데 여기서 한 가지 궁금한 점이 있습니다. 대상 세계에 대한 보편타당한 인식의 근거가 신이나 대상 자체에 있는 것이 아니라 인간의 마음속에 있는 것이라면, 사람마다 세상을 다르게 볼 수 있습니다. 그렇

친구와 함께 있는 칸트

다면 이러한 인식을 어떻게 보편타당하다고 할 수 있을까요? 과연 개개인의 주관적 인식이 모든 사람들에게 공통적으로 타당한 보편적인 것이 될 수 있을까요? 칸트는 그렇다고 생각했습니다.

칸트는 '선천적'이라는 의미를 '보편 타당'의 의미로 보았습니다. 그는 대표적인 저서인 〈순수이성비판〉에서 모든 인간에게는 세계를 보고 이해하는 하나의 공통적인 틀이 있음을 논합니다. 즉, 인간이라면 누구나 세계를 그렇게 보고 그렇게 사유할 수밖에 없는 최소한의 기본적 인식구조가 있다는 것입니다. 모든 인간의 눈에 '물'은 피고름이나 보석으로 보이지 않고 '물'로 보이듯이 말입니다. 그래서 칸트는 모든 인류는 보편적으로 공통된 인식의 틀을 선천적으로 공유하고 있고, 이 인식의 틀에 맞게 대상 세계를 '세계'로서 받아들이므로, 세계에 대한 우리의 인식은 선천적(보편타당)이자 종합적(새로운 정보 획득)일 수 있다고 주장합니다.

선천적인 인식의 틀: 감성과 오성의 형식들

칸트에 의하면 우리의 정신 속에는 이미 선천적인 인식 형식이 존재합니다. 우리가 대상을 인식할 때, 감성에 의해 대상들이 직관적으로 주어지고, 오성(지성)에 의해 주어진 대상들은 사고됩니다. 즉, 감성은 직관을 통해 대상으로부터 '표상(image)*'을 받아들이고, 개별적인 직관표상들은 오성에 의해 추려지고 종합되어 일반적인 표상으로 개념화 됩니다. 그러므로 감성에 의한 직관이 없다면 인식이 성립할 수 없고, 또한 순전히 직관만으로도 인식은 성립하지 않습니다. 직관에 의해 주어진 대상을 오성이 개념적으로 사유함으로써 비로소 인식이 성립되는 것입니다.

그래서 칸트는 "감성 없이는 우리에게 어떠한 대상도 주어지지 않을 것이며, 오성 없이는 어떠한 대상도 사유되지 않을 것이다. 내용 없는 사유는 공허하며, 개념 없는 직관은 맹목이다." 라고 말했습니다. 여기서 '내용 없는 사유'는 경험을 무시하고 이성의 능력만 믿는 합리론을, '개

> * 보통 감각적으로 외적 대상을 마음에 그릴 수 있는 심상을 말한다. 표상은 감각적이고 구체적인 직관적 의식 내용이므로 논리적이거나 추상적인 개념과 구별된다.

넘 없는 직관'은 이성적 사유를 경시하고 경험만을 인정하는 경험론을 의미하는 것으로 해석할 수 있습니다.

그런데 선천적 종합판단이 성립하기 위해서는 감성과 오성 모두에 각각 선천적인 형식이 있어야만 합니다. 만약 감성적 직관 속에 선천적 형식이 존재하지 않아 모든 직관이 경험적인 것이라고 한다면, 우리의 종합판단은 경험적(후천적) 종합판단이 될 것이고, 오성도 마찬가지일 것입니다. 칸트는 감성의 선천적 형식을 직관형식이라고 부르고, 시간과 공간이 여기에 속한다고 주장합니다. 또한 오성의 선천적인 인식형식은 '범주(category)'라 부르며, 여기에 열두 가지가 있다고 설명합니다.

인식능력	감성(sensibility)	오성(understanding)
인식작용	직관(intuition)	사유(thought)
인식내용	감각자료(sense data) = 개별표상	개념(concept) = 일반표상
형식	공간, 시간	범주(category)

| 직관형식 – 공간, 시간 |

우리는 외부의 대상들을 경험하고 인식할 때, 언제나 불가피하게 사물들을 공간과 시간 속의 존재로 지각할 수밖에 없습니다. 그런데, '공간'과 '시간' 자체는 사물들이 가지고 있는 성질이 아니라 우리의 인식구조, 정확히 말하면 감성이 대상을 받아들이는 틀입니다. 비유적으로

말하자면, 시간과 공간은 우리들이 항상 외부의 대상들을 볼 때 눈에 쓰는 렌즈와 같습니다. 즉, 우리의 정신은 다양한 경험을 종합하고 통합하는 일을 하는데, 우선 감각을 통해 들어온 여러 경험들에 직관의 형식인 '공간'과 '시간'을 부과함으로써 다양한 경험들을 종합하는 것입니다.

| 사유의 형식 – 범주 |

감성이 수행하는 인식작용을 '직관'이라 하고, 여기서 인식된 내용은 감각대상들로부터 받아들이는 직접적이고 개별적인 '표상'들입니다. 오성은 이렇게 직관된 개별표상들을 가지고 '개념'을 형성합니다.

개념은 개별적인 직관표상들로부터 공통적인 성질들을 추려서 형성된 일반적인 표상이며, 대상에 직접 관계하지는 않는 간접적 표상입니다. 즉, 오성은 직관된 표상들을 일반화하여 개념을 얻고, 그 개념들을 오성의 판단형식에 맞추어 판단을 내립니다. '판단'이란 종합하는 것입니다. 즉, 오성이 하는 일은 감성이 직관적으로 인식한 개별적인 데이터(개별표상)들을 분류하고 일반화하여 '개념'적으로 인식하며, 만들어진 다양한 개념들을 통합하고 종합하여 '판단'을 내리는 것입니다.

이때 오성은 아무렇게나 개념들을 종합하는 것이 아니라, 12가지의 기본 범주에 따라서 일정한 양식으로 표상을 통합합니다. 이 12가지 범주는 모든 인간이 공통적으로 가지고 있는 '선천적'인 사유의 형식으로, 누구나 이 형식을 따라 개념들을 결합하고 종합하여 판단을 내립니다.

따라서 오성의 사유형식인 범주는 인식을 위한 선천적 조건입니다.

이와 같이 모든 인간은 '시간'과 '공간'이라는 직관의 형식을 선천적으로 공유하고 있고, 12가지 범주라는 공통의 기본적 사유 형식을 가지고 있어, 세상의 사실에 대해 보편타당한 지식을 얻을 수 있다는 것이 칸트 인식론의 핵심입니다.

그렇다면 직관의 형식인 시간(공간)과 사유의 형식인 범주는 서로 어떤 관계일까요? 직관형식(시간, 공간)은 세계를 보는 방식이고, 사유형식(12범주)은 세계를 생각하는 방식이라 할 수 있습니다. 그럼, 다시 인간에게 보이는 세계와 인간에 의해 사유된 세계는 어떤 관계일까요?

칸트는 보는 작용과 사유작용, 즉 직관(감성)과 사유(오성)를 연결시키는 능력을 '구상력(상상력)'이라고 말합니다. 예를 들어 구상력은 나무를 직접 보지는 않지만 머릿속에서 나무의 모습을 그려내는 능력입니다. 구상력이 머릿속에 그린 그림은 '도식'이라고 합니다.

일반적으로 우리는 머릿속에서 어떤 모습을 그려낼 수 있는 것이 우리가 무엇을 보는가에 달려 있다고 생각합니다. 우리가 보는 것이 우리가 생각하는 것을 규정한다는 식입니다. 그러나 칸트에 의하면, 사유를 담당하는 오성이 직관의 형식인 시간과 공간을 규정합니다. 즉, 세계를 보는 직관형식인 시간이 세계에 대해 생각하는 사유형식인 범주 및 오성에 의해 규정된다는 것입니다. 결국 우리가 세계를 보는 방식은 우리가 세계에 대해 생각하는 방식, 즉 우리의 오성의 구조에 의해 규정되는 것입니다.

우리가 무엇을 보든지 그 직관형식인 시간과 공간은 오성의 형식인 범주에 의해 규정되므로, 우리는 그렇게 형성된 도식을 따라 직관하게 됩니다. 결국 이 논리는 '우리는 세상을 보이는 대로 보는 것이 아니라, 생각하고 있는 대로 본다'는 의미입니다.

예를 들어 다음 그림을 한 번 볼까요.

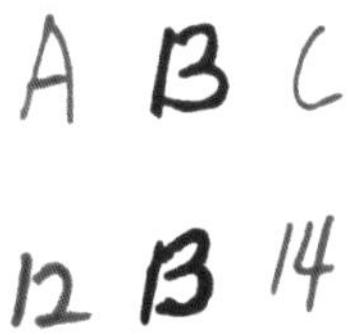

위 그림에서 진한 글씨 '13'은 윗줄에서는 'B'로 보이고 아랫줄에서는 '13'으로 보입니다. 같은 대상이지만 오성의 안내에 따라서 직관 내용이 달라지는 것입니다. 즉, 이것은 우리가 보고 듣고 느끼는 모든 경험들이 오성의 '틀'에 의해 이미 그렇게 받아들이도록 규정되어 있음을 보여주는 사례입니다.

물자체와 현상세계

오래전 플라톤이 세상을 이데아의 세계와 현실의 세계로 나누었다면, 칸트는 세계를 '현상계'와 '물자체'로 구분합니다. 현상계는 우리가 보고 듣고 느낄 수 있는, 즉 경험할 수 있는 세계를 말합니다. 경험되는 모든 내용이 바로 현상입니다. 물자체란 그러한 현상을 일으키는 대상 자체를 말합니다.

칸트에 의하면, 인간은 오직 경험 가능한 현상계만 인식할 수 있고, 현상의 근거인 물자체는 인식할 수 없습니다. 칸트의 인식론에서 가장 핵심은 객관적으로 실재하고 있다고 여겨지는 '사물 자체(물자체)'를 '인식 불가능의 세계'로 따로 떼어 놓은 것, 인식 주관 속에 시간과 공간이라는 형식을 포함시킨 것, 그리고 '나'에 의해서 이미 선천적으로 인식 가능하도록 규정된 세계(현상)만을 인식 가능한 세계로 제한하고 있다는 것입니다. 즉, 우리는 우리가 볼 수 있는 것만 보고, 우리가 인식할 수 있는 것만 인식할 수 있습니다. 칸트에 따르면, 우리의 마음에 있는 인식 형식에 맞지 않는 대상은 인식할 수 없으며, 아예 인식 대상도 아닙니다. 다시 말해, 신이나 영혼불멸, 무한한 우주 등과 같은 경험 불가능한 대상은 우리의 인식 대상이 아닙니다.

칸트에 의하면 우리의 인식은 언제나 감성과 오성의 결합에 의해 성립되는 것이며, 감성의 직관 없이는 어떠한 인식도 성립할 수 없습니다. 칸트는 이것을 인간 인식의 한계로 보았습니다. 인간은 감성으로 받아들일 수 있는 '현상'만 인식할 수 있을 뿐, 현상의 배후에 그 근거로서 존재하는 물자체는 결코 인식할 수 없다고 선을 그은 것입니다. 칸트는 인간이 자기 인식의 한계를 망각하고 감성적 직관의 영역(현상) 너머로 인식을 확장하려 한다면 과오에 빠지게 된다고 주장합니다. 예를 들어 기존의 형이상학의 경우 자아, 우주, 신 등 초감각적인 존재를 인식하려 함으로써 오류에 빠졌다는 것입니다.

칸트는 이러한 오류를 인간의 인식의 본성에서 나오는 불가피한 현상으로 보았습니다. 본래 인간은 단순한 오성적 인식에 만족하지 않고, 이 오성이 인식한 개별적 지식들을 연결하여 인식에 통일성을 주기를 원하는데, 이를 '이성(reason)'의 활동이라고 합니다. 이성은 오성의 인식을 통일하고 체계화해 가는 추리의 능력입니다. 그런데 이러한 추리의 능력으로 인해 인간은 인식이 갖는 한계를 망각하고, 초경험적인 것을 인식할 수 있다고 잘못 생각하게 됩니다.

칸트는 이러한 과오에 대하여, 이성의 '규제적 사용'과 '구성적 사용'이라는 용어로 설명합니다. 규제적 사용이란 이성이 오직 오성의 작용을 통일하고 통제하기 위한 기능을 해야 한다는 것으로, 이것은 이성의 정당한 사용입니다. 반면 구성적 사용이란 이성 자신이 스스로 대상을 구성하려 하는 것으로, 이것은 이성의 그릇된 사용입니다. 형이상학이 빠진 오류는 본래 규제적으로 사용해야 할 이성을 구성적으로 사용하려는 데에서 생긴 것이라고 칸트는 설명합니다.

결국 〈순수이성비판〉에서 칸트가 논증한 것은 세계에 대한 인식에 있어서 이성의 한계를 밝히는 것이었습니다. 이성이 인식할 수 있는 영역은 수학이나 물리학 등 경험할 수 있는 세계의 사실들일 뿐, 형이상학적 실체나 도덕적 가치 등은 포함되지 않습니다. 신이나 무한한 우주, 영혼불멸 등의 형이상학적 실체나, 선악의 문제 등 도덕적 원리들은 '어떻게 인식할 것인가'와 관련된 인식론의 문제가 아니라, '어떻게 행동할 것인가'의 기준과 원리를 탐구하는 실천의 문제이기 때문입니다. 즉, 도덕적 가치나 종교적 신념은 참과 거짓을 명확히 하는 인식론의 문제가 아니라 행위를 선택하는 실천의 문제라는 것입니다.

칸트는 이렇게 지식(사실)과 실천(당위)을 구분함으로써 과학과 종교(혹은 윤리)의 영역을 구분하였고, 과학은 과학대로 종교는 종교대로 나름의 원리와 규범을 가지고 발전해 나아갈 수 있는 이론적 토대를 마련했습니다.

한 줄로 읽는 칸트

- 데카르트로 대표되는 합리론과 로크로 대표되는 경험론을 종합한 철학자이다.
- 인식의 중심이 대상에서 인간으로 전환되는 '코페르니쿠스적 전환'을 주장했다.
- 인간은 시간과 공간이라는 직관 형식과 12가지 범주라는 사유 형식을 통해 보편타당한 지식을 얻을 수 있다고 설명했다.
- 인간은 경험 가능한 현상계만 인식할 수 있으며, 그 배후에서 근거로 존재하는 물자체는 인식할 수 없다고 주장했다.
- 〈순수이성비판〉을 통해 인간 인식에 있어 이성의 한계를 밝혔다.

이성적인 것은 현실적이고,
현실적인 것은 이성적이다

게오르크 헤겔
Georg Wilhelm Friedrich Hegel 1770~1831

프리드리히 헤겔은 16세기 데카르트로부터 시작된 유럽 근대 철학의 사상들을 체계적으로 종합한 철학자입니다. 특히 칸트-피히테*-셸링**으로 이어지는 독일관념론 철학을 완성하여, 유럽 근대철학의 완성자로 평가받고 있습니다.

헤겔 이후의 서양철학은 어떤 식으로든 헤겔의 영향을 받으면서 현대철학의 다양한 흐름으로 전개되어 왔다고 할 수 있습니다. 마르크스의 유물론과 키르케고르의 실존주의는 물론, 히틀러의 나치즘과 이탈리아의 파시즘에 이르기까지 현대사상의 거의 모든 영역에서 헤겔의 발자취를 느낄 수 있기 때문입니다.

자유의 나무를 심다

헤겔 철학사상의 핵심은 '자유'라 할 수 있습니다. 그는 인간이 어떻게 자유를 쟁취하고 증대시켜 왔는가를 역사적으로 규명했으며, 나아가 인간이 어떻게 절대적인 자유를 성취할 수 있는지 알려줍니다.

헤겔이 이처럼 자유에 관심을 기울인 이유는 그가 태어나고 자란 조국인 독일의 정치적, 경제적 상황과 밀접한 관계가 있습니다. 당시 독일은 왕이 독재적으로 국가를 지배하는 전제군주체제였고, 중산층 시민계급이 아직 형성되지 않은 전근대 국가였습니다. 말하자면, 정치적으로도 경제적으로도 영국이나 프랑스 같은 유럽의 다른 나라들에 비해 많이 뒤떨어진 후진국이었습니다.

자유를 향한 헤겔의 강한 집념은 청년기에 싹트기 시작합니다. 1770년 슈투트가르트에서 한 고위 관리의 아들로 태어난 헤겔은 세 살 때부터 학교에 다니기 시작하여 독일어, 라틴어, 인문학 등을 배웠고, 1788년에는 튀빙겐대학교에서 신학과 철학을 공부했습니다. 이때 그는 나중에 유명한 시인이 된 횔더린과 가장 저명한 독일관념론 철학자 중의한 명이 된 셸링과 같은 방을 쓰며 우정을 쌓게 됩니다. 이들은 매일 모여서 자유와 평등, 민주공화정에 대한 책을 읽고 토론을 하며, 조국인독일의 낙후된 봉건적 정치와 경제 체제를 아쉬워하곤 했습니다.

그런데 헤겔이 대학교에 입학한 다음해인 1789년 프랑스 혁명이 일어납니다. 자유와 평등의 기치를 내건 혁명세력은 부르봉 왕조를 타도하고 시민정부를 수립했습니다. 그러자 새로운 시대를 갈망하는 젊은지식인들이 혁명의 성공에 열광했습니다. 1806년 나폴레옹이 예나를점령했을 때 헤겔 역시 당시의 독일 지식인들과 마찬가지로 나폴레옹을 경탄의 눈길로 바라보았습니다. 그는 한 친구에게 다음과 같은 내용의 편지를 보냈습니다.

낮에 예나가 프랑스 사람들에게 점령당했기 때문에 나폴레옹 황제는 그가 점령한 성벽 안에 나타났다. 나는 정찰을 위해서 말을 타고 도시를 지나가는 '절대정신'을 보았다. 그러한 개인을 본다는 것은 놀라운 기분이다. 그 개인은 한 곳을 집중하며, 말 위에 앉아 세계를 쥐고 그것을 지배한다.

헤겔은 프랑스 혁명을 통해 봉건사회에서 시민사회로 전환되는 시대의 흐름을 목격하고, '역사가 진전함에 따라 인간은 반드시 자유로워진다.' 라는 자신의 역사철학적 견해에 대해 확신을 갖게 됩니다.

헤겔은 인류의 역사를 자유가 실현되어 나아가는 과정으로 보았습니다. 역사의 중심이 오직 한 사람의 전제 군주만이 자유를 누리던 동양의 왕국에서, 소수가 자유를 누리던 그리스 로마 문명으로, 다시 모두가 자유를 누리는 독일 사회로 옮겨 간다고 생각한 거죠.

헤겔과 나폴레옹

헤겔은 조국 독일이 지금은 정치·경제적으로 뒤떨어지고 혼란스럽지만, 이 혼란은 더 큰 자유를 낳기 위한 역사의 진통 과

정일 뿐이라고 믿었습니다. 그러니 프랑스 혁명이 일어났을 때 당연히 열광할 수밖에 없었을 겁니다. 자유의 확대라는 역사적 과정의 실현을 보여 주는 단적인 사건이 바로 프랑스 혁명이었기 때문입니다. 헤겔은 이를 기념하여 튀빙겐 숲에 '자유의 나무'를 심고, 심지어 죽을 때까지 혁명 기념일에 맞추어 축배를 들었다고 합니다.

절대정신의 자기 전개 – 자유의 실현

앞서 헤겔이 서양철학을 체계적으로 종합하고 유럽의 근대철학을 완성했다고 말했습니다. 그런데 여기서 '완성'이라는 말은 그의 철학이 완전무결하다는 의미라기보다 기존의 철학자들이 논의했던 사상들을 하나의 체계로 통합했다는 의미로 보아야 할 것입니다.

서양철학에서의 주요 관심문제는 '세상의 근원은 무엇인가'를 탐구하는 존재론과 '인간은 어떻게 세계를 인식하는가'를 탐구하는 인식론, 그리고 '우리는 어떻게 살아야 하는가'를 탐구하는 윤리학의 문제로 분류할 수 있습니다. 헤겔은 이 모든 철학적 문제들을 하나의 통합적 이론으로 설명하려고 했습니다. 그리고 이 방대한 이론 체계에서의 핵심 개념이 바로 '절대정신'과 '변증법'입니다.

헤겔은 절대정신을 '절대이성' 또는 '절대이념'이라고도 불렀습니다. 절대정신은 자연도 인간도 아직 생기지 않았던 아득한 옛날로부터 지금까지 존재해 온 것으로, 그것이 어디서 왔는지는 아무도 모릅니다. 절대정신은 자연과 인간, 물질과 정신의 근원으로, 여기에서 온 세상의 모든 것들이 생겨납니다. 말하자면 기독교의 '신'과 같은 존재입니다.

그러나 헤겔에 의하면, 절대정신은 만물을 창조하는 '창조주'로서의 절대자가 아니라, 부단하게 변화하고 발전해 나가면서 만물을 통해 스스로를 드러내는 절대자입니다. 자연계의 온갖 물질과 인간의 정신, 그리고 세계의 모든 현상들은 창조주에 의해 창조된 피조물이 아니라, 이처럼 변화·발전하는 절대정신이 스스로의 모습을 드러낸 것이라는 거죠. 따라서 자연과 인간의 모든 현상은 절대정신의 전개에 따라 변화하고 발전하는 과정에 있다고 할 수 있습니다.

헤겔은 이 절대정신의 본질이 바로 '자유'라고 주장합니다. 세계의 역사는 절대정신이 자신의 본질인 '자유'를 점차 명료하게 드러내는 과정이며, 이성적 자유의 진보과정이라는 것입니다. 헤겔은 역사에서 실현되는 이성, 즉 절대정신을 세계정신으로 부릅니다. 역사를 발전시키는 주체가 인간 개개인들의 의지나 욕망이 아니라 세계정신이라는 것입니다. 따라서 역사를 움직이는 것처럼 보이는 영웅들도 실은 역사를 만들어온 주체가 아니라 세계정신의 심부름꾼에 불과합니다.

세계정신은 자신의 전개·발전의 수단으로 교묘하게 인간을 이용하고 있는데, 헤겔은 이것을 '이성의 간계'라고 부릅니다. 즉, 인간이 걸어온 현실적인 역사적 현상들은 모두 이성, 즉 세계정신의 간계에 따라 필연적으로 이루어진다는 것입니다. 헤겔이 '이성적인 것은 현실적인 것이요, 현실적인 것은 이성적인 것'이라고 말한 것도 이 때문입니다.

우리는 보통 '이성적'이라는 말을 논리적이고 합리적이라는 의미로 사용합니다. 헤겔의 '이성적'이라는 의미는 보통의 이러한 뜻 외에 '이상적'이라는 의미도 포함되어 있습니다. '이성'에 '절대'라는 수식어를 붙인 것에서도 볼 수 있듯이, 이성은 완전하고 절대적인 존재입니다.

그러나 헤겔은 이처럼 절대적이고 완전한 이성, 즉 이상은 현실로 드러나 있는 모든 것에서 벗어나 있는 것이 아니라고 말합니다. 다시 말해, 고달프고 짜증나고 벗어나고 싶은 이 현실이 우리가 궁극적으로 이루고자 하는 이상과 다른 별개의 것이 아니라는 뜻입니다. 이상은 현실과 동떨어져서 저 멀리 하늘나라에 있는 것이 아니라, 현실을 통해서만 구현될 수 있습니다. 모든 역사적 사실, 구체적 현실들이 이러한 절대이념, 즉 세계정신의 '자기전개' 활동 과정이기 때문입니다.

헤겔에 의하면 절대정신(이념)의 본질은 '자유'입니다. 따라서 절대이념이 전개되어 발전해 나아가는 과정을 통해, 즉 세계정신에 의해 역사가 전개되는 과정을 통해, 자유는 스스로를 현실로 드러내게 됩니다.

헤겔은 인류 역사의 발전 과정도 자유의 증대 과정으로 파악합니다. 역사 발전의 제1단계는 동양의 세계에 나타난 전제 정치로, 여기서는 오직 왕 한 사람만이 자유를 누립니다. 제2단계는 고대 그리스·로마 세계로, 여기서는 소수의 귀족들만이 자유의 의미를 알고 향유합니다. 마지막 제3단계는 법을 통해 모든 국민의 자유를 실현시키는 정의로운

학생들을 가르치는 헤겔

근대적 입헌군주국 체제로, 모든 사람이 자유를 누립니다. 헤겔은 자신의 조국 독일이 바로 그런 나라라고 주장합니다. 그러나 '자유의 이념'이 게르만 민족에서 완성되며, 프로이센의 군주 정치를 자유 실현의 완성태라고 생각한 헤겔의 이러한 관점은 나중에 숱한 비난을 초래하게 됩니다.

운동·변화의 법칙 – 변증법

헤겔에 의하면 모든 것은 변화합니다. 단순히 변화하는 것이 아니라 일정한 법칙에 따라 발전적인 방향으로 변화합니다. 우주 만물의 변화는 절대정신의 전개 양상이므로, 절대정신이 스스로를 전개해 나아가는 방식이 곧 우주 만물의 변화 방식, 혹은 법칙입니다. 헤겔은 이념(절대정신)이 발전하는 이러한 방식을 변증법이라고 불렀습니다.

'변증법'은 원래 그리스어 '대화술 dialektikē'에서 유래한 말입니다. 대화를 통해 상대방의 입장에 어떤 자기모순이 있는가를 논증함으로써 자기 입장의 올바름을 입증하는 방법이었죠. 이러한 변증법을 근대에 와서 독창적으로 재해석하여 화려하게 부활시킨 장본인이 바로 헤겔입니다.

헤겔에 의하면, 우리의 인식이나 자연계의 모든 존재는 정-반-합(정립-반정립-종합), 또는 즉자-대자-즉자대자의 3단계를 거쳐서 변화하고 발전합니다. '정(正)'은 그 자신 속에 원래부터 모순을 포함하고 있음에도 불구하고 그 모순을 알아채지 못하고 있는 단계이며, '반(反)'은 그 모순이 자각되어 밖으로 드러나는 단계입니다. '정'이 '반'이라는 모순에 부딪치면 제3의 '합(合)'의 단계로 지양(종합, 발전)되어 나아가는 변화가 발생하는데, 이러한 방식이 바로 변증법입니다. 그런데 여기서 특히 주목할 점은 정과 반이 종합·통일되는 합의 단계에서는 정과 반에 있었던 두 가지 상태가 함께 부정되면서 새로운 상태가 다시 생성된다는 것입니다.

예를 들어 소나무의 씨앗이 하나 있다고 해보죠. 이 씨앗은 '씨앗(정)'이라는 자신의 정체성을 부정(반)하고 껍질을 깸으로써 싹(합)을 틔웁니다. 그리고 이 싹은 '싹'의 모습을 버림으로써 묘목이 되고, 마침내 우람

한 소나무가 됩니다. 이와 같이 모든 변화는 현재의 상태(정)를 부정함으로써 더 나은 상태로 새롭게 태어나는 것입니다. 헤르만 헤세의 소설 〈데미안〉에는 다음과 같은 유명한 구절이 나옵니다.

'새는 알에서 나오려고 투쟁한다. 알은 세계이다. 태어나려는 자는 하나의 세계를 깨뜨리지 않으면 안 된다.'

문학적인 표현이지만, 이것이 바로 변증법의 원리입니다. 변증법은 모든 사물, 혹은 우리의 인식행위 등 모든 물질적·정신적 현상이 좀 더 나은 상태로 발전해 나아가는, 세계의 운동 및 변화 방식입니다. 그 무엇도 가만히 그 상태로 머물러 있는 것은 없습니다. 여기서 중요한 점은, 이러한 세계의 운동이 아무렇게나 무질서하게 이루어지는 것이 아니라, 항상 '발전'을 향하여 움직인다는 것입니다. 바로 이 점이 헤겔의 사상에 있어서 아주 특별한 부분입니다. 요컨대 변증법의 제3단계인 '합'은 모순되는 두 가지 '상태' 혹은 '존재'를 단지 중간 지점에서 적당히 절충하는 것이 아니라 '더 나은' 단계로 '지양(aufjeben)*'합니다. '지양'이라는 말은 '부정하다'는 의미와 '보존하다'라는 의미를 모두 포함합니다. 그리고 여기에도 생성은 반드시 현재의 부정을 통해서만 가능하다는 변증법의 핵심이 담겨 있습니다.

자, 그렇다면 우리의 일상생활에서는 변증

* 독일어 'aufjeben'은 '부정하다'라는 의미와 '보존한다, 높인다'라는 의미를 모두 가지고 있다. 변증법적 발전에 있어서는 낮은 단계를 부정함으로써 더 높은 단계로 나아가는 동시에 높은 단계 중에 낮은 단계의 본질은 그대로 보존된다. 헤겔은 이것을 지양이라 불렀다.

헤겔이 태어난 집으로 현재 헤겔박물관으로 사용되고 있다

법이 어떻게 작동하고 있을까요? 운동장에서 축구공을 몰고 열심히 골대를 향하여 달려간다고 해보죠. 이때 가로막는 상대편이 아무도 없다면 아주 수월하게 골을 넣겠지만, 이렇게 혼자서 계속 골을 넣다보면 재미는커녕 지루하게 느껴질 것입니다. 축구의 재미는 가로막는 상대방과 함께 축구공을 서로 빼앗고 빼앗기는 과정에서 생기기 때문입니다. 여기서 우리는 변증법의 원리를 확인할 수 있습니다. '나(정)'와 '상대방(반)'이 함께 해야 '축구게임(합)'의 재미가 생겨나기 때문입니다. 이처럼 항상 자기(정)를 가로막고 부정하려는 고난, 혹은 어려움(반)이 있어야 그 어려움을 딛고 더 나은 '자기'로 새롭게 태어날 수 있습니다. 하늘을 나는 새가 자신을 가로막는 공기의 저항에 맞서, 그 공기를 이용하

여 날갯짓하며 자유로이 창공을 비상하는 것처럼 말이지요. 모순이 바로 생성의 힘입니다.

나와 사회, 그리고 국가

헤겔 사상의 궁극적인 지향점은 모든 인류의 참된 가치의 실현, 즉 '자유'의 실현에 있습니다. 헤겔은, 자유란 우리의 머릿속에 들어있는 추상적인 개념이 아니라 현실 사회에서 실현된 구체적이고 실제적인 것이어야 한다고 생각했습니다. 따라서 진정한 자유는 타인과의 관계 속에서의 자유, 사회 속에서의 자유여야 합니다.

　헤겔은 개인의 자유와 사회의 자유가 함께 실현되는 공동체를 이상적인 것으로 여겼고, 이러한 공동체를 '인륜체'라고 했습니다. 그리고 개인의 자유는 바로 이 인륜체에서 가장 현실적이며 구체적으로 실현된다고 보았습니다. 이와 같이 인간은 본래 단체 생활 속에서만 인간다운 생활을 할 수 있으며 참된 자유를 누릴 수 있다는 것이 헤겔의 기본적인 관점입니다. 즉, 개인들의 주관적인 도덕의식이나 양심에 바탕하고 있는 개인적 자유는 사회 공동체인 인륜체의 객관적 합법성에 의해 지양됨으로써 보다 높은 단계의 자유로 실현될 수 있다는 것입니다. 헤겔은 이러한 인륜체가 가족 – 시민사회 – 국가의 세 단계로 발전해 나아간다고 주장합니다.

　첫 번째 단계인 가족은 인륜체의 가장 원초적이고 기본적인 형태로,

사랑을 본질로 합니다. 혈연으로 이루어진 가족 단계에서는 개인과 집단의 이해관계가 엄밀하게 구별되지 않으므로 개인의 이익이 곧 집단의 이익이며, 집단의 행복이 곧 개인의 행복인 운명 공동체를 형성합니다. 그러나 가족 인륜체 속에서 개인의 자유는 가족 구성원에 의해 많은 제약을 받을 수밖에 없습니다.

두 번째 단계인 시민사회는 법 앞에 평등한 자유로운 개인들이 자신의 경제적 이익을 위해 무한경쟁을 하는 사회입니다. 시민사회에서 개인들은 법적으로 보장된 자유를 향유할 수 있습니다. 그러나 지나친 경쟁으로 말미암은 사회적 불합리와 모순을 피할 수 없습니다.

마지막으로 국가는 자유가 최고의 완전한 형태로 실현된 단계입니다. 국가는 가족의 원리와 시민사회의 원리를 결합시킨 최고의 단계로, 구성원들 간의 모순과 대립을 극복해 내는 인륜체라 할 수 있습니다. 시민들의 이기적인 결합체인 시민사회는 그 속에 인륜체의 해체를 초래하는 부정적인 요소를 가지고 있으므로, 가족에서 긍정되고 시민사회에서 부정되는 인륜체가 그 모순을 지양하여 더 높은 단계로 종합될 때 국가가 성립합니다.

헤겔은 인간이 한 국가의 구성원이 되었을 때 비로소 완전한 개인이 될 수 있다고 보았습니다. 개인의 완전한 자유나 참된 삶은 국가를 통해서 실현된다는 것입니다. 그러나 이러한 관점은 개인의 자율성보다는 집단의식을 강조하는 전체주의적 사고방식에 가깝습니다. 실제로 20세기 전 세계를 비극으로 몰아넣었던 독일의 나치즘이나 이탈리아의 파시즘, 일본의 군국주의도 모두 개인의 자유가 국가를 통해서 완성된다는 헤겔의 전체주의적 사고방식에 그 사상적 뿌리를 두고 있습니다.

개인은 사회나 국가를 떠나서 홀로 존재할 수 없지만, 그렇다고 국가를 위해서 개인의 자유와 행복이 침해되거나 무시되어서도 안 될 것입니다. 국가의 존재 이유가 바로 국민들 한 사람 한 사람의 자유와 행복의 실현이기 때문입니다.

한 줄로 읽는 헤겔

- 독일 관념론을 완성한 철학자이다.
- 인류의 역사는 절대정신이 자유를 실현해 나가는 과정이라고 주장했다.
- 절대정신의 전개방식을 정-반-합의 변증법으로 보았다.
- 개인의 자유와 사회의 자유가 함께 실현되는 이상적 공동체, 즉 인륜체들(가족, 시민사회, 국가) 중에서 최고의 형태가 국가라고 주장했다.

세계의 본질은
맹목적인 삶에의 의지다

아르투르 쇼펜하우어
Arthur Schopenhauer 1788~1860

흔히 세상을 어둡고 슬프게만 바라보는 사람을 염세주의자라고 합니다. 서양 철학사에서 세상을 이처럼 고통과 괴로움의 시선으로 바라본 대표적인 철학자가 바로 쇼펜하우어입니다. 쇼펜하우어의 책을 읽은 많은 사람들이 세상을 비관하고 자살을 선택하기도 했는데, 그런 이유로 어떤 이들은 쇼펜하우어를 염세주의자, 혹은 죽음예찬론자라고 부르기도 합니다. 그러나 사실 쇼펜하우어는 단순한 염세주의자도, 죽음예찬론자도 아닙니다. 그는 고통스러운 우리의 삶의 모습을 정확히 진단하고, 왜 우리는 이처럼 고통 속에서 살 수밖에 없는가, 그 궁극적인 원인은 무엇인가, 어떻게 우리는 이러한 고통에서 벗어나 진정 행복한 삶을 살 수 있는가에 대한 문제를 진지하게 체계적으로 연구한 사상가입니다. 그의 철학의 목적은 고통에 빠진 사람들을 죽음으로 내모는 것이 아니라 고통으로부터의 해방, 해탈의 길을 보여주는 것이었습니다.

표상의 세계, 의지의 세계

쇼펜하우어는 1788년 2월 22일 오늘날 폴란드에 속한 오래된 도시 단치히에서 태어났습니다. 그는 부유한 은행가인 아버지와 여류작가인 어머니 슬하에서 남부럽지 않은 어린 시절을 보냈습니다. 1805년에 아버지가 상점 창고에서 떨어져 사망하는 사건이 발생합니다. 그러자 어머니는 괴테가 속한 문인 모임에 들어가 화려한 생활을 하기 시작합니다. 그 때문에 쇼펜하우어는 어머니를 싫어하며 자주 충돌했습니다.

1813년에 쇼펜하우어는 〈충족이유율의 네 가지 근거〉라는 논문으로 예나대학에서 철학박사 학위를 받았습니다. 괴테가 찬사를 아끼지 않을 정도로 우수한 논문이었지만 쇼펜하우어의 어머니는 종이만 버렸다며 폄하했습니다. 그 후 어머니와 결별한 쇼펜하우어는 1814년부터 드레스덴에 머물며 주저인 〈의지와 표상으로서의 세계〉의 집필을 시작하여 1819년에 출간합니다. 쇼펜하우어 자신은 이 책이 철학계에서 엄청난 반향을 불러일으킬 것으로 예상했지만 1년 반 동안 100권만 팔릴 정도로 거의 주목을 받지 못했습니다.

1820년부터는 베를린대학에서 전임강사로 활동하며 유명한 헤겔과 같은 강의 시간대에 강의를 열었습니다. 그러나 청강생들이 헤겔에게 몰리는 바람에 한 학기 만에 강의를 포기해야 했습니다. 1831년에는 콜레라 유행을 피해 베를린을 떠나 프랑크푸르트로 이주했습니다.

쇼펜하우어는 1851년에 〈파레르가와 파랄리포메나〉를 출간하면서 뒤늦게 유명해지기 시작합니다. 1848년 시민 혁명*이 실패로 돌아간 이후 낙관론적 헤겔 철학이 서서히 빛을 잃은 반면 염세주의적인 쇼펜하우어의 철학이 각광 받기 시작했기 때문입니다. 그 후 쇼펜하우어는 '프랑크푸르트의 부처'로 불리며 명성을 누리다 1860년 9월

> * 1848년 유럽 대부분의 지역을 혁명의 불길에 휩싸이게 하며 빈 보수 체제가 붕괴시킨 저항운동을 말한다. 그해에 프랑스 2월 혁명, 독일 3월 혁명, 영국 혁명, 이탈리아 혁명 등 유럽에서 연쇄적으로 혁명이 발생했다.

쇼펜하우어가 태어난 집

21일 갑작스런 심장마비로 죽음을 맞이했습니다.

쇼펜하우어는 그의 대표적인 저서인 〈의지와 표상으로서의 세계〉에서 인간과 세계의 본질을 탐구하고 삶의 진정한 가치를 성찰합니다. 먼저 '세계는 나의 표상이다'라며 표상에 대한 설명부터 논의를 시작합니다.

이 한 마디 말이 함축하는 의미는 엄청나게 심오합니다. 표상이란 '내 생각(인식주관)' 속에 있는 관념입니다. 그러니 이 말은, 세계는 내 머리 속에 있는 관념이고, 따라서 '세계(객관)'는 내가 바라봄으로써 그렇게 존재한다는 의미입니다. 표상에 대한 쇼펜하우어의 사상은 칸트의 인식론으로부터 큰 영향을 받았습니다.

칸트는 세계를 현상계와 물자체로 구분했습니다. 그는 우리가 경험하고 인식할 수 있는 것은 우리의 인식 주관에 의해 구성된 '현상의 세계'일 뿐이고, 대상 자체(물자체)는 인식할 수 없다고 주장합니다. 예를 들어 눈앞에 빨간 사과가 있다고 가정해 보죠. 이때 우리가 인식하는 내용들인 '빨강' '동그스름함', '반짝임' 등은 과연 사과 그 자체의 모습일까요? 개나 고양이도 사과를 우리와 똑같이 인식할까요? 칸트나 쇼펜하우어의 인식론에 따르면, 우리가 인식하는 것은 사과 그 자체가 아니라 우리의 주관적 '인식형식'에 의해 구성된 내용이라는 겁니다.

분홍색 렌즈를 끼면 세상이 분홍색으로 보이듯, 우리는 인간의 '감관과 오성'이라는 렌즈를 통해 세상을 바라보고 있고, 그 렌즈를 통과하며 형성된 모습을 보고 그렇게 안다는 것입니다. 칸트는 이렇게 우리 인식 주관에 의해 형성된 세계를 '현상계'라 했고, 쇼펜하우어는 표상 또는 표상의 세계라 불렀습니다. 그렇다면 우리의 렌즈 너머에 있는 '사과 자체', 즉 물자체는 어떤 모습일까요? 알 수 없다는 것이 칸트나 쇼펜하우어 같은 관념론자들의 생각입니다.

쇼펜하우어는 우리의 인식주관이 세계를 경험하고 인식할 때 '충분근거율*'의 지배를 받는다고 설명합니다. 충분근거율은 인간이 세계를 인식할 때 그렇게 인식할 수밖에 없도록 만드는, 우리의 의식에 내재되어 있는 인식의 원리입니다. 우리가 눈앞에 펼쳐진 세계를 경험할 때, 그것은 아무렇게나 임의적으로 존재하는 것이 아니라 서로 긴밀한 관계를 맺으면서 존재하는 것으로 보입니다. 우리가 이 세계를 표상으로서 경험할 때, 표상들 역시 일정한 형식 속에서 연결되어 인식되는데, 이러한 원리를 충분근거율이라 합니다. 즉 우리가 인식하는 세계는 충분근거율의 지배를 받는 세계이고, 충분근거율에 의해 인식 주관 안으로 들어온다는 것입니다. 쇼펜하우어가 예시하는 충분근거율은

* 사고(인식)에는 항상 충분한 이유가 있어야 한다는 법칙.

시간과 공간, 그리고 인과율입니다. 우리가 마주하고 있는 세계는 시간과 공간의 좌표를 벗어날 수 없고, 모든 존재와 사건은 반드시 그것을 가능케 하는 원인이나 근거를 가질 수밖에 없다는, 즉 인과율의 지배하에 있다는 인식의 원리인 것입니다. 이것은 세계 자체가 아니라 표상의 세계입니다. 그리고 표상의 세계란 인식된 세계 즉, 우리의 의식 안에 형성된 세계입니다.

그러나 쇼펜하우어의 설명에 따르면, 시간과 공간 그리고 인과율에 의해서 파악되는 표상세계는 세계의 본래적 모습 전체가 아니라 단지 한 측면, 즉 세계의 겉모습일 뿐입니다. 자연과학은 표상세계를 원인과 결과의 결합으로 설정하고 이들 사이에 놓인 변화관계를 가르치는 것인데, 이것은 단지 표상세계의 현상에 대한 설명일 뿐이며, 표상세계 너머의 본체를 우리에게 드러내줄 수는 없습니다. 다시 말해 자연과학처럼 현상계를 다루는 학문은 충분근거율에 의거하기 때문에, 현상을 그렇게 가능하게 하는 내적인 본질에 대해서는 설명할 수 없다는 것입니다. 그래서 쇼펜하우어는 표상 너머의 본질의 세계를 탐구하는 것이 철학이라고 주장합니다.

쇼펜하우어가 말하는 표상 너머의 세계는 칸트가 현상세계 너머에 상정하는 물자체의 세계에 대응합니다. 쇼펜하우어는 이러한 세계를 '의지'라고 불렀습니다. 그렇다면 쇼펜하우어는 무슨 근거로 표상 너머의 인식 불가능한 세계, 즉 물자체의 세계를 하필 '의지'라고 보았을까요?

결론부터 미리 말하자면, 현실의 세계가 고통일 수밖에 없는 이유와 근거를 마련하기 위해서입니다. 우리가 겪는 고통은 자연 전체의 공통적인 현상이고, 이 현상의 세계를 지배하는 보이지 않는 힘은 '삶에의 의지'입니다. 그리고 이 근원적 의지는 인간의 이성으로 인식할 수 없는 표상 너머의 물자체입니다. 여기까지가 이른바 그가 말하는 '고통의 형이상학'의 줄거리입니다.

쇼펜하우어가 '의지'의 세계를 고찰

프랑크푸르트에 있는 쇼펜하우어 조각상

하는 이유는 세계를 표상으로서 파악하는 것의 한계를 자각하고, 세계를 그 본질적인 측면에서 고찰하고자 하는 것입니다. 칸트는 물자체의 세계를 미지의 영역으로 남겨두었지만, 쇼펜하우어는 물자체를 현상세계와 우리 삶의 이면에서 그것을 지배하고 있는 힘으로 보았습니다.

고통의 원인 - 의지의 객관화, 개별화

쇼펜하우어는 우리가 살아가는 일상의 세계는 표상의 세계이고, 이러한 현상의 세계를 관통하여 지배하는 근원적 힘이 '의지'라고 했습니다. 현상의 세계는 의지가 스스로를 드러낸 '의지의 객관화'이고, 여기에서 의지가 구체화되고 실현된다는 것입니다. 세계 속에 다양하게 나타나는 모든 현상들의 뿌리는 오직 하나의 의지이며, 만물은 이러한 의지가 가시적으로 객관화된 것입니다. 의지의 객관화에 있어 가장 아래 단계에는 중력이나 자기력 같은 자연력이 있고, 그 위에 차례로 식물, 동물, 인간의 이념 등의 단계들이 있습니다. 이처럼 의지는 다양한 개별적 존재들로 객관화되고, 개별적 존재(생명)들은 각 단계에 맞는 양상으로 서로 자신의 보존을 위해 투쟁합니다. 쇼펜하우어는 하나의 근원적 의지가 객관화, 개별화되어 서로 싸우게 됨으로써 비로소 자연이 성립한다고 설명합니다.

이때 현상적으로는 모든 개체들이 타자와 투쟁하는 것으로 보이지만, 모든 개체들은 하나의 의지가 객관화된 것이라 그 뿌리가 같기 때문에 실제로는 의지가 자기 자신과 싸우고 있는 것이라 할 수 있습니다. 식물이 무기물을 흡수하고, 동물이 식물을 먹고, 그 동물을 또 다른 동물이 잡아먹는 등 각 단계의 객관화를 통하여 의지는 끝없이 자기 스스로를 전개해 나아갑니다. 의지가 표상의 세계로 발현된(의지가 객관화된) 개별적 존재자들이 모두 각각 의지의 개별화 단계에 상응하는 방식으로 자기보존을 위해 끊임없이 뭔가를 욕망하고 추구해 가는 것입니다. 그 결과 모든 존재들은 끝없는 투쟁 속에서 고통스런 삶을 살게 됩니다.

흔히 사람들은 일이 잘 안 풀릴 때 세상은 고통의 바다라고 투덜거리곤 합니다. 그러다 문제가 잘 해결되고 바라던 바가 성취되면 세상은 살 만하다고 말하기도 합니다. 그런데 쇼펜하우어는 인간의 삶뿐만 아니라 이 세상 자체가 원래 고통을 그 본질로 삼는다고 주장합니다. 그 이유는 의지의 본성 때문입니다. 우리가 살고 있는 이 세상은 표상의 세계로, 그것은 근원적 의지에 의해 지배되는 표피적인 세계입니다. 이 세계를 인식하는 우리의 지성 역시 의지의 지배를 벗어날 수 없습니다.

그런데 의지는 맹목적으로 뭔가를 끊임없이 추구하고 욕망하는 힘이라서, 밑 빠진 독처럼 끝내 채울 수 없는 결핍과 갈망의 존재입니다. 궁극적으로 만족이나 행복은 결코 성취할 수 없습니다. 끊임없이 무언가를 욕망하고 추구하는 과정은 그 자체로 고통스럽습니다. 하지만 추구하던 대상을 성취했을 때 순간적인 만족감에 뒤이어 따라오는 공허함과 권태감은 더 큰 고통입니다.

이처럼 삶은 욕망과 권태 사이를 시계추처럼 오가는 고통의 연속이고, 이것이 삶의 궁극적인 본질입니다. 행복이나 만족은 머무를 사이 없이 사라집니다. 우리가 '행복'이라고 부르는 것들은 사실 일시적인 거품과 같은 것이며, 다음 고통으로 넘어가기 전에 잠시 숨 쉴 틈을 주려는, 의지의 교활한 계책에 불과합니다. 그래서 모든 서사시와 문학작품들은 행복을 얻기 위한 노력을 묘사하지만, 목표에 도달해도 행복해지지 않는다는 사실을 감추기 위해서 목표에 이르자마자 서둘러 막을 내립니다.

세상의 본질을 고통이라고 진단한 후, 쇼펜하우어는 인간이 불행과 고통을 느끼는 양상을 분석합니다. 그에 따르면 인간이 겪는 고통은 의지의 긍정, 이기심, 부당한 행위에 의해 발생합니다. 의지의 긍정이란 자기 자신의 육체의 보존과, 종족보존을 위한 번식의 행위에 대한 맹목적인 집착과 추구를 의미합니다. 쇼펜하우어에 의하면 의지는 물자체이므로 우리의 이성으로 인식할 수 없지만, 우리의 몸을 통해서 자신을 드러냅니다. 이성으로 통제할 수 없는 육체적 욕망이 바로 의지의 표출이며, 이것에 순종함으로써 인간은 고통스러운 삶을 살 수밖에 없습니다.

쇼펜하우어는 인간의 삶을 고통스럽게 만드는 또 다른 원인으로 이기주의적 성향을 지목합니다. 이기주의는 개체들이 서로 자기보존을 향한 무한투쟁의 장으로 뛰어들며 취하는 욕망의 양태입니다. 이기심은 개인과 개인 사이를 갈라놓고, 타자를 배려하는 마음을 갖지 못하게 합니다. 이기심은 모든 투쟁의 출발점이며, 이로부터 사회적 고통이 발생합니다.

마지막으로 쇼펜하우어는 부당한 행위를 저지름으로써 고통이 발생

말년의 쇼펜하우어(1859)

한다고 주장합니다. 부당한 행위란 자신의 몸에 나타난 삶에의 의지를 따르기 위해, 타인의 의지를 부정하는 행위를 말합니다. 부당한 행위는 이기심으로부터 나오는 행위로, 특히 타인의 의지를 침범함으로써 타인에게 고통을 가한다는 점에서 단순한 이기적 행위보다 더욱 비도덕적인 행위라 할 수 있습니다.

해탈, 고통을 넘어

이렇게 세상의 진짜 모습이 '고통'임을 확인하고 그 원인을 진단했으니, 이제 어떻게 고통으로부터 벗어날 수 있을까를 논의해야 할 순서입니다. 이 부분이 아마도 쇼펜하우어가 진정으로 이야기하고 싶었던, 그의 철학의 결론이 아닐까 싶습니다. 쇼펜하우어는 고통의 근원은 물자체인 삶에의 맹목적 의지가 표상세계로 객관화, 개별화된 것이고, 구체적인 원인은 의지에의 순종, 이기심, 부당한 행위이므로 그 해결책은 의지를 부정하고, 이타적인 생활을 하며, 정당한 행위를 함으로써 고통의 원인을 제거하는 것이라고 주장합니다.

이 중에서 가장 핵심적이고 근원적인 것은 맹목적인 삶에의 의지의 지배에서 벗어나는 일입니다. 그러기 위해 우리는 경험하는 표상의 세계가 진짜가 아니며, 의지가 개별화되어 객관화된, '의지의 드러남'임을 이해해야 합니다. 유일한 실체인 의지는 무수한 개체들로 발현되어 현상세계를 이루고 있습니다. 이때 개체들은 서로 자기보존을 위해 투쟁하는데, 이러한 개체들의 투쟁은 사실 근원적인 의지의 자기 전개 양상에 불과한 것입니다. 개체들 간의 경쟁과 투쟁은 의지가 현상계의 모든 자연을 조종하고 지배하는 방식으로 볼 수 있습니다. 자연에서 벌어지는 모든 현상들, 즉 자기보존과 종족보존을 위한 경쟁과 투쟁은 결국 의지에 대한 복종이고 봉사일 뿐입니다. 따라서 이러한 경쟁과 투쟁이 벗어날 수 없는 고통과 불행의 늪임을 명확히 통찰하는 것이 중요합니다.

이제 이러한 상황을 명확히 이해했다고 한다면 그 다음 단계는 무엇일까요? 당연히 늪에서 빠져 나가야 합니다. 그렇다면 어떻게 빠져 나가야 할까요? 쇼펜하우어는 두 가지 방법을 알려줍니다.

첫째, 금욕적인 생활을 조언합니다. 맛있는 음식, 좋은 집, 좋은 직장 등 궁극적으로 자기보존을 위해 추구하는 모든 욕망 대상들은 '의지'에 대한 순종과 봉사를 의미하기 때문에 포기하라는 것입니다. 특히 종족보존을 위한 행위는 개체의 삶과 죽음을 넘어, 무한히 '의지' 자신을 영속시키고자 하는 의지의 강력한 욕망이므로, 성욕을 버리는 금욕적 삶이 불행과 고통을 벗는 중요한 태도라고 역설합니다.

두 번째, 동정심과 자비심을 길러서 타인과의 경쟁을 멈추고 오히려 타인을 위해 자신을 희생하라고 조언합니다. 모든 개체들이 하나의 같은 뿌리인 '의지'에서 나왔음을 명확히 이해하면, 타인의 고통이 나의 고통과 하나임을 느낄 수 있습니다. 또 이렇게 나와 타인의 고통을 일치시킴으로써 의지의 자기 전개(개별화, 투쟁)를 부정할 수 있으면, 고통에서 벗어날 수 있다는 것입니다. 즉, 타인의 고통을 나의 고통으로 생각하는 자타불이(自他不二)*의 자비심만이 진정한 행복과 평온의 삶을 가져다준다는 말입니다. 이러한 경지에 오른 사람은 의지를 부정함으로써 자아로서의 삶은 부정하지만 오히려 더 큰 자기로서의 삶을 긍정하며, 더 나아가 욕망의 삶을 부정함으로써 전체로서의 자신의 삶을 진정으로 긍정할 수 있습니다.

쇼펜하우어가 진단하듯, 어쩌면 세계의 참모습은 고통의 바다일지도 모릅니다. 그러나 고통의 근원과 원인을 파악하여 잘 이해한다

★ 나와 남이 둘이 아니라 하나라는 의미의 불교 용어로 자비를 실현하는 인본주의 사상에 그 바탕을 두고 있다.

면, 그 고통은 더 이상 벗어날 수 없는 늪이 아니라 행복한 삶을 안내해 주는 길잡이가 될 수도 있습니다. 그리고 이것이 바로 쇼펜하우어가 전하는 고통의 형이상학입니다.

한 줄로 읽는 쇼펜하우어
- 일상의 세계는 표상의 세계이며, 이 세계를 지배하는 근원적인 힘은 맹목적인 의지라고 주장했다.
- 의지의 표출인 욕망은 영원히 만족할 수 없기 때문에 인간은 고통스러운 삶을 살아갈 수밖에 없다고 보았다.
- 세상의 본질은 고통이라고 말했다.
- 고통에서 벗어나려면 욕망을 포기하는 금욕적인 생활을 해야 한다고 주장했다.

신은 죽었다

프리드리히 니체
Friedrich Nietzsche 1844~1900

간혹 우리는 어떤 행동을 하고 싶지만 주변의 따가운 눈총이 걱정되어 참거나 포기하는 경우가 있습니다. 법적으로는 아무런 문제가 없는데 도덕적으로 문제가 되는 경우가 그렇습니다. 예를 들면 버스나 지하철에서 자리가 하나 났는데, 옆에 서 계신 할아버지에게 양보하지 않고 재빠르게 내가 그 자리에 앉을 수 있을까요? 대부분 그렇게 못 할 겁니다. 아마 이것은 알게 모르게 우리의 몸에 밴 도덕감 때문이겠죠. 그러면, 도덕이란 무엇일까요? 도덕적 감정은 어디에서 나오는 것일까요?

공자*는 제경공이 정치에 대해서 물었을 때, "임금은 임금답고, 신하는 신하다우며, 어버이는 어버이답고, 자식은 자식다워야 한다[君君, 臣臣, 父父, 子子]."고 대답하였습니다. 공자는 무력이나 법이 아닌 도덕으로 나라를 다스려야 한다고 주장했죠. 그가 말한 정치는 바로 도덕이었습니다. 공자가 말하는 도덕이란 다름 아니라, 왕은 왕의 도리를 다하고 [禮;예의], 신하는 신하의 도리를 다하고[忠;충성], 부모는 부모의 도리를[慈;자애], 자식은 자식의 도리를[孝;효도] 다하는 것입니다. 말하자면, 정의로운 사회, 혹은 도덕이 살아 있는 사회란 그 사회의 구성원들이 각자 자신의 분수를 잘 알고, 주어진 역할을 충실히 수행하는 사회라고 본 것입니다.

★ 공자(BC551~BC479)는 중국 춘추시대의 위대한 사상가이자 교육자로 유가를 창시했다. 춘추시대에 사회적 혼란이 극심해지자 주나라 초기로 돌아가 도덕적으로 이상적인 사회를 이룩해야 한다고 주장했다. 유교 경전인 <논어>는 공자의 제자들이 공자의 언행과 사상을 기록한 책이다.

그러나 공자의 이러한 사상 속에는 악의적으로 왜곡될 위험한 요소가 내포되어 있습니다. 예를 들면 경제적으로나 정치적으로, 혹은 사회적으로 불평등이 심한 사회에서, 가진 자들이 못 가진 자들을 사회에 순응시키고 체제를 유지하기 위한 지배 이데올로기로 사용할 수 있기 때문입니다. 영화 〈설국열차〉의 한 장면 중에 이러한 이야기가 나옵니다.

우리들 모두는 이 삶이라는 기차에서 주어진 위치에 머물러야 합니다. 우리들 각자는 세세히 구분된 각자의 위치에만 머물러야 합니다. (신발을 죄수의 머리 위에 올려놓으며) 누가 신발을 머리 위에 올려놓겠습니까? 신발은 머리에 쓰라고 있는 것이 아닙니다. 신발은 발에 신는 거죠. 모자가 머리에 쓰는 겁니다. 나는 모자고 여러분들은 신발입니다. 나는 머리에 어울리고 당신들은 발에 어울립니다. 초창기에 질서가 여러분들 표에 규정되어 있었습니다. 일등석, 이코노미석, 그리고 여러분 같은 무임승차자들. 영원한 질서가 신성한 엔진에 의해 규정되어 있었습니다. 초창기와 마찬가지로 나는 앞 칸에 속하고 당신들은 꼬리 칸에 속합니다. 자신의 위치를 아세요. 자신의 위치를 지키세요. 신발처럼.

이처럼 공자의 논리를 부정적으로 극단까지 몰고 가면, 도덕이란 어쩌면 거대한 사회 속에서 하나의 부품으로 전락한 개인들에게 부과되는 사회적 역할과 의무에 불과하다고 할 수 있을지도 모르겠습니다.

도덕이란 무엇일까요? 인간을 행복하고 고귀한 삶으로 안내하는 천상의 진리일까요, 아니면 강자들이 약자들의 삶을 속박하고 옥죄는 인위적인 족쇄일까요. 이러한 문제에 대해서 아주 진지하고 심각하게 고민한 철학자가 바로 지금부터 알아볼 프리드리히 니체입니다.

니체는 자신의 철학을 '망치'에 비유했습니다. 우리가 옳다고 여기는 도덕적 가치들, 철학, 종교 등을 가차 없이 무너뜨리고, 가식적인 도덕의 그늘에 숨어있는 참된 인간의 모습을 밝히려 했기 때문입니다. 기존의 가치 체계를 전복시키고 새로운 창의적 인간의 전형을 제시한 니체의 사상은, 당시에는 전혀 빛을 보지 못하다가 20세기 이후 현대의 사상가들과 예술가들에게 대단히 큰 영향을 미치며 포스트모더니즘*으로 화려하게 부활합니다.

목사의 아들, 신을 죽이다

19세기의 위대한 철학자 니체는 1844년 10월 15일, 뢰켄이라는 고장의 목사인 카를 루드비히 니체와 이웃 마을 목사의 딸인 프란치스카 욀러 사이의 첫 아들로 태어났습니다. 아이러니하게도 '신은 죽었다'고 선언하며 기독교를 격렬하게 비판하고 부정한 니체는 그의 친가와 외가가 모두 독실한 기독교 집안이었습니다. 니체의 아버지는 니체가 태어난 날이 당시

* 보편성, 합리성, 효율성 등을 강조하는 이성 중심의 모더니즘에 근본적인 회의를 내포하고 있는 사상적 경향을 말한다. '근대적 개념에 대한 다양한 비판'으로 모더니즘에 대한 반작용으로 등장했다.

프로이센 국왕이었던 프리드리히 빌헬름 4세의 생일이라는 이유로 니체에게 프리드리히라는 이름을 지어주었다고 합니다.

니체가 네 살 되던 해인 1848년에 자유주의자들의 혁명이 발생합니다. 그러자 당시 군주제를 지지하고 프로이센 왕국에 동조적이었던 니체의 아버지는 충격을 받고 건강이 악화되어 이듬해인 1949년에 사망합니다. 몇 달 후 니체의 남동생도 사망하여, 이제 니체는 할머니와 어머니, 여동생과 살게 됩니다.

니체는 어려서부터 음악과 문학에 탁월한 재능이 있어서 열네 살에 이미 시를 짓고 교향곡을 작곡했다고 합니다. 대학시절에는 고대 그리스 문헌학을 전공하였는데. 우연히 쇼펜하우어의 〈의지와 표상으로서의 세계〉를 읽고 여기에 심취하여 철학으로 관심을 돌리게 됩니다. 유명한 니체의 '힘에의 의지'도 실은 쇼펜하우어의 영향(맹목적 의지)으로 등장한 개념입니다.

1869년에는 니체의 천재성을 알아본 대학 지도교수 릿츨이 박사학위도 없는 니체를 강력히 추천하여 니체는 스위스 바젤대학의 고전어교수로 초빙됩니다. 그리고

1882년경의 니체

이듬해인 1870년에는 보불전쟁이 발발하자 자원하여 군에 입대합니다. 아마도 안정된 직장인 대학교수직을 휴직하고 자원하여 군에 입대한다는 것은 상상하기 힘든 일일지도 모릅니다. 그러나 니체에게 있어 삶과 죽음이 교차하는 전쟁터는 대학 강단보다 훨씬 더 생생하게 삶을 가르치는 교육의 현장이었을 것입니다. 시체가 즐비한 끔찍한 광경이 '비극을 극복한 삶을 통해서 인간은 보다 강하고 고귀하게 된다'고 하는 니체 철학의 밑바탕이 되지 않았을까요.

군에 입대한 니체는 몇 달 동안 위생병으로 복무하다 심한 이질에 걸려 곧 제대하는 신세가 됩니다. 이때부터 한창 활력이 넘쳐야 할 20대 후반의 나이에 건강이 나빠지기 시작하여 니체는 평생 동안 육체적 고통 속에 시달려야 했습니다. 건강이 악화되는 바람에 대학 교수직을 맡은 지 10년 만에 사직했으며, 심지어 기압계와 온도계를 가지고 다니며 몸을 최적화 할 수 있는 장소를 찾아 전전했다고도 합니다. 1889년, 45세의 니체는 투린의 광장에서 어떤 마부가 늙은 말을 때리는 장면을 목격한 후 쓰러진 말의 목을 끌어안고 기절합니다. 사람들이 그를 집으로 데려갔으나 의식을 찾지 못했으며, 모친과 여동생의 헌신적인 간호 속에서 10여 년 동안 혼수상태에서 헤매다가 1900년에 56세를 일기로 눈을 감았습니다.

니체의 주옥같은 수많은 저작들은 대부분 육체적 고통과 통증의 인내 속에서 탄생되었지만, 그 내용은 대단히 웅장하고 용맹스러우며, 심

니체가 어린 시절을 보낸 나움부르크의 니체하우스

지어는 전투적이고 파괴적이기까지 합니다. 그는 '신은 죽었다'고 외치며 서양 문명의 정신적 근간인 기독교적 도덕과 가치관을 전복시키고, 신을 잃은 인간들이 겪게 될 허무주의의 도래를 예견했습니다. 그리고는 마침내 그 허무를 딛고 일어서서 주체적이고 능동적인 삶을 살아가는 완숙한 인간상과 새로운 도덕을 제시하였습니다.

누구를 위한 도덕인가

니체의 철학은 대단히 실험적인 사유를 통해 전개됩니다. 그는 도덕이 인간의 삶을 어떻게 규정하고 지배하고 있는지를 살펴봄으로써 인간의 자기 인식에 도달하려 하였습니다. 왜냐하면 도덕이 인간의 의식과 행위 등 인간의 삶을 규정한다고 보았기 때문입니다.

우선 그는 인간이 어떤 조건에서 선악이라는 가치판단을 생각해 냈는지, 그리고 그 가치 판단 자체가 어떤 가치를 갖는지 질문합니다.

우리는 어떤 것을 '선하다'고 받아들이는가? 우리는 '이타적인 것', 혹은 '한 발짝 물러나 남에게 해를 끼치지 않는 것', '보다 적극적으로 용서하는 것', '화해하는 것', '사랑하는 것'을 선하다고 말한다. 그렇다면 어떤 선험적 혹은 경험적 원리가 이러한 특성들에게 '선'이라는 가치를 부여했는가? 우리는 왜 자신을 절제하고, 양보하는 것을 미덕이라고 생각하는가? 우리는 왜 자기 자신을 움츠리는 것, 그리고 더 나아가 스스로를 억누르는 것을 '선하다'고 일컫는가?

즉 니체는 개별적인 행동이나 덕목들의 도덕적 가치를 따지는 것이 아니라, 도덕적 가치의 가치에 대한 질문, 말하자면 '도덕적 가치 판단은 가치가 있는 것인가'라는 질문을 던집니다. 이는 기존의 가치관 전체를 재검토하는 근본적 물음으로, 가히 혁명적이라 할 수 있습니다. 왜냐하면 우리는 도덕이라는 것이 당연하게 존재하는 것이고 우리 인간 삶에서 중요한 것이라고 의심 없이 받아들이고 있기 때문입니다.

니체는 〈도덕의 계보〉라는 책에서 선과 악의 도덕적 판단의 기원에 대한 발생학적 사유를 전개하는데, 여기서 그는 '귀족도덕'과 '노예도덕'이라는 개념을 제시하며, 기존의 모든 도덕은 노예도덕에서 나온 것이라고 비판합니다. 니체에 의하면, 고귀한 귀족도덕은 자기 자신을 비롯하여 다른 모든 것들에 대한 긍정에서 비롯된 것입니다. 고귀함, 힘셈, 아름다움, 행복 등이 귀족적인 선이죠. 이와 달리 노예도덕은 바깥의 것, 다른 것, 자기 아닌 것을 부정하는 데서 나옵니다. 열등하고 약한 노예들은 그들이 힘센 자의 능력에 미치지 못한다는 것을 알고 있으므로, 귀족적 선을 무가치한 것이라고 스스로를 속이고, 그 대신 그들에게 위안을 가져다주는 것들, 예컨대 겸손, 친절, 선량, 동정 등을 선이라고 하였습니다. 이는 가치를 전도시키는 것으로서 강자에 대한 원한의 산물입니다.

니체는 지금의 도덕은 약한 자들이 강한 자들에 대해서 행하는 정신적인 복수 행위로서 그 성격상 '도덕에 있어 노예 반란'이 성공한 결과물이라고 설명합니다. 노예적 가치판단의 배후에는 무력하고 저급한 다수의 대중들이 품고 있는 소수의 지배계층에 대한 복수심이 도사리고 있다는 것입니다. 니체에 따르면, 도덕이란 노예근성의 속물들이 자기의 무능력을 숨기고 강력한 자들을 억압하기 위해 사용하는 수단에 불과합니다. 니체는 지금까지의 서구 역사가 귀족도덕에 대하여 노예도덕이 승리를 쟁취해온 역사라고 주장합니다. 그리하여 우리의 세계는 타율적이고 비자연적인 인간 유형, 가축과 같은 모습으로 잘 길들여진 인간 유형이 지배하는 세계가 되었다는 것입니다.

니체는 이러한 '노예도덕'을 기독교가 물려받았다고 주장합니다. 기독교가 노예도덕을 한층 더 높은 단계로 발전시켰고 더욱 강력한 도덕으로 만들었다는 설명입니다. 기독교 도덕의 본질인 '사랑'은 약자들의 자기 보존을 위해 설파된 것이고, 그러므로 기독교의 도덕은 약자들의 이기주의를 은폐하고 있는 도덕이라는 것입니다.

전통적인 관점에서 도덕의 가치판단은 선과 악이라는 절대적인 기준에 따라 이루어지고 이로부터 사람들의 행동을 구속하는 규범이 만들어집니다. 서구의 역사를 되돌아 볼 때 역사를 관통하고 있는 절대적이고 보편적인 가치 판단의 근거는 다름 아닌 신이었습니다. 그러나 니체는 도덕이 어떻게 발생하게 되었는가에 대한 계보학적 설명을 통해, 도덕의 선과 악 개념은 신에 의해 보증되는 절대적이고 초월적인 가치가 아니라고 주장합니다. 그는 도덕의 배후에 있는 권력 관계를 폭로했고, 이러한 도덕이 어떤 가치를 가지고 있는지, 그리고 왜 문제가 되는지를 밝혔습니다. 그러니 니체는 도덕과 진리의 비판자인 동시에 기독교의 비판자가 될 수밖에 없습니다.

이처럼 도덕의 기원을 밝히고 나서 니체는 대중들의 신념과 달리, 도덕이 인간의 삶을 알차고 올바르게 이끌기는커녕 오히려 억압하고 있다는 주장을 펼칩니다. 도덕이라는 허위가 인간의 자연스러운 욕망들을 억압하고 있다는 것이죠. 그런데 이러한 욕망은 억압한다고 해서 사라지는 것이 아닙니다. 내적으로 쌓이거나 올바르지 않은 형태로 분출

되기 때문에, 결국 도덕은 인류의 퇴보를 가져다 줄 뿐입니다.

이와 같이 니체는 도덕을 비판하고, 더 나아가 도덕을 파괴하려 했던 것처럼 보입니다. 그러나 그는 단순히 신에 의해 인간에게 주어진 도덕을 부정하고 파괴한 데에 그치지 않고, 도덕으로부터 해방된 자유로운 주체의 자기형성과 가치판단의 문제를 진지하게 숙고했습니다. 그가 기존의 모든 가치를 파괴하려 시도했던 이유는 주체적인 삶의 도덕을 수립하기 위해서였습니다. 니체에게 유일하게 중요한 사실은 우리가 지상에서 살과 피로 이루어진 이 육신으로서 살고 있다는 것입니다. 그는 현실의 이 삶 이외에는 어떠한 삶도 없고, 따라서 이 삶 자체에 최고의 가치를 부여할 수밖에 없다고 생각했습니다. 이 땅 위에서의 현실성, 바로 이것이 모든 가치의 근거가 되어야 한다는 것입니다. 우리의 삶의 가치가 추구해야 할 바는, 자기 자신의 삶을 보존하는 것에 국한되는 것이 아니라 더 나아가 삶을 발전시키고 향상시켜 강화하는 것이어야 합니다. 이것이 바로 니체 철학의 핵심입니다.

니체는 기존의 도덕을 파괴한 자리에 새로운 가치로서 미학을 제시하며, 우리는 자신의 삶을 하나의 예술작품처럼 만들어 가야 한다고 역설합니다. 인간은 신에 의해서 어떠한 '존재'로 주어진 것이 아니라, 자신의 삶을 향상시키고 발전시키기 위한 행위를 통해 매순간 창조되고 형성되는 '생성 과정'이라는 것입니다.

우리가 이런저런 것을 없애고 망각한 이후에는 우리의 진정한 자아를 찾게 될 것이라는 생각은 일종의 신화이다. 그렇게 우리는 우리를 무한성으로까지 거슬러 올라가게 한다. 그러나 그것이 아니라 우리를 스스로 만드는 것, 모든 요소들로부터 하나의 형태를 형성하는 것, 이것이 과제이다! 항상 한 조각가의 과제! 생산적인 인간의 과제!

니체의 삶의 미학은 매순간마다 자신의 삶을 긍정하며 살아가는 삶의 예술을 의미합니다. 우리는 우리의 삶을 하나의 예술작품으로 만들어가야 하고, 우리의 삶이 성공적인 예술작품이 될 때 우리의 삶이 완성될 수 있습니다. 결국 니체의 도덕비판은 신에 의존하는 노예적 도덕으로부터 벗어나, 매순간 주체적으로 스스로의 삶을 확장해 나아가며 자신을 생성시키고자 하는 창조자로서의 인간을 목표로 하고 있습니다.

신은 죽었다 – 초인*을 향하여

* 보통의 인간의 불완전함과 제약을 뛰어 넘어 절대적인 존재가 되는 이상적인 인간을 말한다. '힘에의 의지'를 구현한 초인은 기독교의 신을 대신하는 인류의 지배자이며 민중은 그의 복종자이다. 니체의 초인 사상은 나치의 이데올로기로 악용되기도 했지만 실존철학에 큰 영향을 미쳤다.

니체는 삶의 본질은 곧 '힘에의 의지'라고 주장합니다. 이때 힘에의 의지라는 것은 상승하고자 하는 의지라 할 수 있습니다. 인간은 단순히 생존에의 의지만을 갖고 있는 것이 아니라 보다 높은 존재가 되려는 의지를 갖고 있다는 것이죠. 이를 위해 우리는 스스로 창조하는 자가 되어야 한다고 니체는 주장합니다.

니체가 볼 때, 고귀하고 높은 존재는 참된 인간이며, 참된 인간이 되기 위해서는 가식적인 것을 벗어버려야 합니다. 여기서 가식적이라는 것들은 바로 이성의 형이상학, 도덕, 그리고 종교를 말합니다. 따라서 니체가 생각하는 인류의 진보란 형이상학이나 도덕, 종교로부터 벗어나 삶의 본능으로 복귀하는 것입니다.

니체는 형이상학적 진리나 종교적 진리, 그리고 선을 추구하는 도덕은 인간을 나약하게 하고, 의무에 사로잡히게 하고, 그리고 피안의 세계를 동경하며 현실을 왜곡시키게 한다고 보았습니다. 특히 기독교는 약자가 만든 허구적인 세계 해석으로, 약자가 자신을 정당화하기 위해 꾸며놓은 거짓된 도덕을 가르치고 있을 뿐입니다. 니체는 이러한 거짓된 도덕의 총체, 그 근거가 바로 신이라고 주장합니다. 니체에 의하면 그동안 기독교는 플라톤주의와 결합하여 대지를 버리고 천상에 진리의 세계를 구축했습니다. 이러한 진리의 허구성에 대한 폭로가 바로 '신은 죽었다'라는 유명한 선언입니다.

니체가 신의 죽음을 선언한 것은 단순히 무신론을 주장하고자 하는 것이 아니라 존재론의 한 형태를 공격하고 있다는 점이 중요합니다. 그동안 진실이 아니라고 여겨지던 것, 즉 감상적인 것, 시간 속에서 변화하는 것, 생성·소멸하는 것 등이야말로 참으로 현실적인 것인 반면, 그동안 참 존재자라고 간주되던 것, 즉 무시간적인 것, 영원한 것, 순수한

존재는 단지 공상의 산물에 불과한 허구라는 것입니다. 그동안 우리가 믿고 있던 '신'이나 절대적 진리, 또는 세계의 목적이나 질서라는 것들이 단지 우리의 이성이 만들어 낸 가공물에 지나지 않는다는 것이죠. 결국 '신은 죽었다'라는 주장은 종교적 신앙과 철학적 이성에 대한 사망선고와 마찬가지였습니다. 이것이 바로 니체의 허무주의입니다. 니체는 신의 죽음으로부터 야기된 허무주의를 철저히 완수하고, 동시에 허무주의를 극복함으로써 서구의 문화를 구제하는 것을 자신의 사명으로 삼았습니다.

〈짜라투스트라는 이렇게 말했다〉 초판 표지

마지막으로, 〈짜라투스트라는 이렇게 말했다〉라는 니체의 가장 유명한 작품의 한 대목을 소개할까 합니다. 니체가 선언한 '신의 죽음'과, 신을 대신하는 주체적이고 강력한 인간인 초인의 탄생의 의미가 담긴 글입니다.

신은 죽었다. 이제 우리들이 소망하는 것은 초인이다.

초인이란 대지의 의미이다. 대지에 충실하고 천상의 희망을 말하는 자들을 믿지 않는다.

초인과 동물 사이에 인간이 있다. 인간은 초인과 동물 사이를 연결시켜주는 밧줄이다. 인간이란 심연 위를 가로지르는 밧줄을 타고 건너가야 할 존재다. 초인은 하늘나라를 동경하거나 이 땅을 경멸하는 자가 아니고, 대지가 언젠가 초인으로 가득 차게 하기 위하여 대지에 몸 바치는 자이다.

초인은 신의 죽음을 확신하는 자이다. 자기 자신이 이 세계의 한 부분임을 의식하고 삶 자체의 모순을 견디어낼 줄 아는 자이다.

한 줄로 읽는 니체
- 삶의 본질은 '힘에의 의지'라고 말했다.
- 인간을 나약하게 만드는 기독교적 윤리인 노예도덕의 파괴를 주장했다.
- 기존의 가치체계를 전복시키고 새로운 창의적 인간상을 제시했다.
- '신은 죽었다'며, 신을 대신하여 '힘에의 의지'를 구현한 초인의 탄생을 설파했다.

말할 수 없는 것에 관해
침묵하지 않으면 안 된다

루드비히 비트겐슈타인
Ludwig Wittgenstein 1889~1951

'나는 생각한다, 그러므로 존재한다'라는 데카르트의 말처럼 인간은 생각하는 존재, 즉 인식을 통해 세계를 이해하는 존재입니다. 그렇다면 우리는 이러한 인식을 어떻게 알 수 있을까요? 우리는 생각을 언어로 표현하며, 다시 언어를 통해 생각합니다. 가령 빨간 사과를 보고 '맛있다'라는 생각이 든다면, '맛있다'라는 언어를 떠올리는 것이나 마찬가지입니다. 생각이 곧 언어라면 우리는 언어를 통해 세계를 인식하는 셈입니다.

이러한 관점에서 철학의 과제를 '언어와 기호의 논리적 분석'으로 삼은 철학분야가 분석철학이고, 그 중에서 손꼽히는 대표적인 철학자가 바로 비트겐슈타인입니다. 비트겐슈타인은 '언어의 한계가 세계의 한계'이며 '언어란 실재를 그리는 한에서만 의미가 있다'고 주장합니다. 이것은 곧 지금까지 언어를 잘못 사용해온 탓에 철학적 문제가 발생했으며, 이러한 문제를 해결하려면 언어의 한계를 명확히 해야 한다고 주장입니다.

'신은 선하다'라는 명제가 있다고 해보죠. 종교적, 윤리적으로는 '참'인 명제처럼 보입니다. 하지만 엄밀히 따지자면, 신은 현실에 존재하지 않습니다. 실재하지 않기 때문에 참, 거짓을 논하는 것은 불가능합니다. 그럼에도 우리가 이것을 '참'인 명제로 받아들이는 것은 실재하지 않는 것을 마치 실재하는 것처럼 언어적 표현을 착각하기 때문입니다. 비트겐슈타인에 따르면, 그동안의 철학은 이와 같이 언어적 혼란을 불러일으켰기 때문에 결과적으로 그 논증은 무의미합니다. 그래서 그는 그 해법으로 이렇게 말합니다. "말해질 수 있는 것은 명료하게 말해질 수 있고, 말할 수 없는 것에 관해서는 침묵해야 한다."

가장 완벽한 천재의 전형

비트겐슈타인은 1889년 오스트리아 빈에서 태어났습니다. 아버지 카를은 '오스트리아의 카네기'로 불릴 만큼 오스트리아에서 가장 부유한 철강 사업가였습니다. 어머니는 음악적 재능이 뛰어난 피아니스트였죠. 막대한 재력가이자 음악 애호가인 비트겐슈타인 집안은 오스트리아 예술계의 중요한 후원자로 브람스, 말러, 발터 같은 음악가들은 물론 화가인 클림트 등 유럽에서 내로라는 예술가들이 비트겐슈타인 저택을 드나들었습니다.

비트겐슈타인의 형제자매들은 이러한 예술적 분위기 속에서 성장하면서 모두 뛰어난 예술적 감수성을 갖게 되었습니다. 특히 그의 형 파울 비트겐슈타인은 천부적인 재능을 가진 피아니스트로 유명했습니다. 그는 1차 세계대전에 참전해 총상으로 오른 팔을 잃었지만 유명 작곡가 라벨이 그를 위해 왼손을 위한 협주곡을 작곡했을 정도로 탁월한 실력을 가진 연주자였습니다. 그러나 예민한 감수성을 가진 비트겐슈타인 형제들 중 셋이나 자살로 생을 마감합니다. 그래서인지 철학자 비트겐슈타인도 평생 자살의 유혹에 시달렸다고 합니다.

비트겐슈타인은 부유한 집안이 대개 그러하듯이 열세 살까지 가정교사로부터 교육을 받았습니다. 그 후 어린 시절부터 관심이 많았던 공학과 기계를 배우기 위해 린츠의 기술고등학교에 진학하게 됩니다. 1908년 열아홉 살이 되었을 때에는 영국 유학길에 올라 영국 맨체스터대학에서 항공공학을 전공합니다. 그곳에서는 제트엔진을 설계했을 뿐 아니라 프로펠러 설계로 특허를 따기도 했습니다. 그러다 그의 관심사는 공학에서 응용 수학과 순수 수학으로, 여기서 다시 논리학과 수학 철학으로 옮겨가기 시작합니다. 특히 수학기초론을 다룬 러셀의 〈수학의 원리들〉을 읽고 깊은 인상을 받은 것이 결정적 계기였습니다.

1911년 비트겐슈타인은 독일 예나대학의 수학 교수인 프레게*를 찾아갑니다. 현대 수리 논리학의 창시자로 알려진 프레게는 수학과 논리학을 제대로 공부하고 싶으면 러셀을 찾아가라고 그에게 권유합니다. 비트겐슈타인은 프레게의 조언에 따라 영국 케임브리지에서 러셀과 운명적인 만남을 갖게 됩니다.

케임브리지에서 러셀의 지도를 받으며 공부를 하던 비트겐슈타인은 어느 날 러셀을 불쑥 찾아갑니다. 다혈질의 괴팍한 독일 청년은 자신이 바보인지 아닌지 말해달라고 따지듯이 물었습니다. 바보라면 비행사가 되고, 그렇지 않으면 철학자가 될 거라면서 말이죠. 그러자 러셀은 방학 동한 한 편

* 프레게(1848~1925)는 독일의 수학자이자 논리학자로 현대 수리철학과 분석철학의 기초를 마련했으며, 러셀과 비트겐슈타인의 철학에 많은 영향을 미쳤다.

의 글을 써올 것을 요구합니다. 방학이 끝나자 비트겐슈타인은 글을 제출합니다. 그때 러셀은 첫 문장을 읽자마자 곧바로 "자네는 비행사가 되어서는 안 되겠네!"라고 소리쳤다고 합니다.

러셀의 자서전에 따르면, 이 시기의 비트겐슈타인은 천재성이 번득이지만 정서적으로 매우 불안정한 청년이었습니다. 우울증과 자살 충동에 시달리던 비트겐슈타인은 자정이 넘은 시간에 불쑥 러셀을 찾아와 아무 말 없이 거실을 왔다갔다했습니다. 러셀은 비트겐슈타인이 자살할까 봐 차마 내쫓지 못했다고 합니다.

어쨌든 러셀로부터 재능을 인정받은 비트겐슈인은 케임브리지대학에 정식으로 등록하고 본격적으로 철학 공부에 몰두합니다. 그러자 곧바로 그의 천재성이 드러났습니다. 러셀이 비트겐슈타인을 두고 자신이 아는 '가장 완벽한 천재의 전형'이라고 평가할 정도였습니다. 1년이 지나자 러셀은 더 이상 비트겐슈타인에게 가르칠 것이 없었습니다. 제자에서 어느덧 동료 이상의 위치에 올라섰기 때문입니다. 이를 두고 러셀은 철학에 대한 자신의 열정이 눈덩이라면 비트겐슈타인의 열정은 눈사태와 같다고 표현했습니다.

1913년 러셀로부터 배울 만큼 배웠다고 생각한 비트겐슈타인은 케임브리지를 떠나 노르웨이의 산골에 오두막을 짓고 생활합니다. 그곳에서 그는 철학의 근원적인 물음을 사색하고 탐구하며 시간을 보냅니다. 그러다 1차 세계대전이 발발하자 오스트리아군에 입대합니다. 탈장

루드비히 비트겐슈타인

으로 군 면제 판정을 받았지만 자원입대한 그는 가장 위험한 최전방 근무를 자청합니다. 그리고 삶과 죽음의 경계를 넘나드는 치열한 전장에서 틈틈이 철학적 생각을 노트에 적기 시작합니다. 1918년 비트겐슈타인은 이탈리아 군의 포로가 되어 수용소에 갇히는 신세가 됩니다. 그때 포로수용소에서 그는 노트에 적어 놓은 원고를 완성하여 러셀에게 복사본을 보냅니다. 1921년 독일어로 출판된 이 책이 바로 그 유명한 〈논리철학 논고〉입니다.

언어는 세계를 비추는 거울이다

비트겐슈타인이 전쟁의 포화 속에서 완성한 〈논고〉는 단문 형식으로 100쪽이 채 되지 않습니다. 하지만 비트겐슈타인은 이 책에서 철학이 풀어야 할 모든 문제를 완전히 해결했다고 자신 있게 말합니다. 그는 서문에서 이렇게 적었습니다.

여기에 적힌 진리성에 대해서는 공격 불가능하며 완결적이다. 따라서 나는 모든 본질적인 것에 있어 문제의 최종 해결점을 찾았다고 믿는다.

비트겐슈타인은 철학의 근본적인 문제가 언어의 논리를 오해한 것에서 비롯된다고 생각했습니다. 따라서 이러한 문제를 해결하려면 무엇보다 언어의 논리를 올바르게 이해하는 것이 중요합니다. 언어의 논리를 올바로 이해하여 그 논리가 적용될 수 있는 한계를 명확히 하면, 철학이 가진 문제를 해결할 뿐 아니라 미연에 방지할 수 있다는 것이죠.

비트겐슈타인은 '말할 수 있는 것은 명료하게 말해질 수 있고, 말할 수 없는 것은 침묵해야 한다.'고 주장합니다. 그런데 과거의 철학자들은 말할 수 없는 것을 말하여 언어를 남용하고, 언어의 논리에서 벗어나 철학적 문제를 야기했다는 것이죠. 이 주장은 마치 칸트가 이성이 가진 한계를 명확히 하여 의미 있는 영역과 의미 없는 영역을 구분하여 새로운 철학의 지평을 연 것과 흡사합니다. 다만 칸트는 인간의 사고능력을 비판적으로 접근했다면, 비트겐슈타인은 인간의 언어능력을 비판적으로 접근했다는 점에서 차이가 있습니다. 그래서 비트겐슈타인은 철학에서 '언어적 전환'을 이루었다는 평가를 받고 있는 것입니다.

과거의 철학자들에게 철학의 목적은 '세상의 근원은 무엇인가?', '진리는 무엇인가?', '정의는 무엇인가?', '존재는 무엇인가?' 등과 같은 질문에 답하는 것이었습니다. 비트겐슈타인에 따르면, 이것은 언어의 논리를 제대로 이해하지 못해 발생한 질문이자 답입니다. 그래서 그는 이러한 철학적 문장들을 논리적으로 명확히 하는 것이 새로운 철학의 과제라고 주장합니다. 즉, '사고할 수 있는 것'과 '사고할 수 없는 것'의 한

계를 명확히 밝히는 활동이라는 것이죠.

그렇다면 비트겐슈타인이 말하는 언어의 논리란 무엇일까요? 그는 '언어란 나와 세계를 연결해주는 매개자'이며, 언어를 통해 세계를 이해하고, 언어를 통해 다른 사람들과 소통할 수 있다고 말합니다. 여기서 언어가 곧 세계는 아니지만 언어와 세계는 서로 대응합니다. 언어가 마치 거울처럼 세계를 반영하는 것이지요. 그래서 비트겐슈타인은 '언어는 세계를 비추는 거울이다'라고 말합니다. 우리는 거울에 비친 이미지를 보고 실제 모습을 이해합니다. 즉, 언어 그 자체가 실제 세계가 아니지만 언어에 담긴 내용을 통해 실제 세계를 이해하는 겁니다.

예를 들어 운동장에 멧돼지 한 마리가 나타났다고 해보죠. 나는 친구에게 이 상황을 전달하며 "운동장에 멧돼지가 나타났어."라고 말합니다. 이 문장 자체는 실제가 아니지만 사실을 비추는 거울처럼 사실을 있는 그대로 전달하고 있습니다. 친구는 내 말을 듣고 사실을 이해합니다. 이와 같이 언어는 대리자 역할을 하면서 사실을 전달하고 이해하게 만듭니다. 이것은 언어의 구조가 세계의 구조에 대응하기 때문입니다. 즉, 언어를 구성하는 문장과 세계를 구성하는 사실은 서로 대응관계인 것입니다. 이렇게 우리는 언어를 통해 세계를 이해합니다.

비트겐슈타인은 거울처럼 언어가 세계를 반영하는 것을 이른바 '그림이론'을 통해 설명합니다. 그는 문장과 사실과의 관계를 그림에 비유하면서 다음과 같이 말합니다.

그림은 실재의 모델이다.

명제는 실재의 그림이다.

명제는 우리가 그렇게 생각하듯이 실재의 모델이다.

비트겐슈타인은 명제가 곧 그림으로 하나의 사실에 하나의 명제만 대응할 수 있다고 주장합니다. 여기서 가장 기본적인 사실을 '원자사실'이라고 하고, 이에 대응하여 짝을 이루는 언어를 '원자명제'라고 합니다. 기본적으로 원자사실과 원자명제로부터 그림관계가 성립합니다. 비트겐슈타인은 '그림에서 그림의 요소들은 대상들을 대표한다.'라고 말합니다. 그림은 명제를 의미합니다. 그리고 이 명제를 구성하는 요소는 이름이며, 이 이름은 '일정한 방식'을 통해 명제를 구성합니다.

예를 들어 왼쪽에 사과가 있고, 오른쪽에 고양이가 있다고 해보죠. 이것을 그림으로 그리면 왼쪽 공간에 사과를 오른쪽 공간에 똑같이 그려 넣어야 합니다. 그래야 논리적으로 올바른 그림이기 때문이죠. 논리적으로 일치하는 이러한 그림을 '논리적 그림'이라고 합니다. 또한 명제의 관점에서 보면, 명제가 곧 사실의 그림이라는 점에서 올바른 명제입니다. 비트겐슈타인은 이렇게 말합니다.

어떤 형태의 것이든 그림이 실재를 재연하기 위해 공유하고 있어야만 하는 것은 논리적 형식, 즉 실재의 형식이다.
재현의 형식이 논리적 형식이라면, 그림은 논리적 그림이라 불린다.

비트겐슈타인이 말하는 논리적 형식은 노래나 연주를 듣고 그 음을 악보로 옮기고, 다시 악보를 보고 그 음을 연주하는 구조와 비슷합니다. 이러한 공유 과정을 통해 세계를 이해하는 의사소통이 가능합니다. 이것은 명제와 사실이 논리적 형식을 공유하고 있기 때문입니다. 이때 명제가 사실과 일치하면 '참'이고, 일치 하지 않으면 '거짓'입니다. 따라서 명제의 참, 거짓 유무를 환인하려면 사실과 비교해 보아야 합니다. 예를 들어 탁자 위에 빨간 사과가 놓여 있다고 해보죠. 이것을 보고 A는 '빨간 사과가 있다'고 말하고, B는 '파란 사과가 있다'고 말한다면 어떻게 될까요? 당연히 A의 말이 참이고, B의 말은 거짓입니다. 명제가 사실과 일치하면 참이고, 사실과 일치하지 않으면 거짓이기 때문입니다. 이에 비트겐슈타인은 "그림은 실재와 일치하거나 일치하지 않는다. 그것은 옳거나 그런 것으로서 참이거나 거짓이다."라고 말합니다. 이제 명제의 참, 거짓을 구분할 수 있으면 그 명제는 의미를 갖게 됩니다.

비트겐슈타인은 우리가 세계를 이행할 수 있는 것은, 요소명제가 원자사실의 그림이 되기 때문이라고 말합니다. 요소명제란 우리가 일상적으로 사용하는 언어를 분석하는 과정에서 더 이상 분석이 불가능한 단계에 이르렀을 때 그 최소단위를 말합니다. 각각의 요소명제는 독립적으로 하나의 원자사실과 대응관계를 가지며, 그럼으로써 의미가 생깁니다. 흔히 우리가 사용하는 언어는 복합명제입니다. 이러한 복합명제를 세분화하면 요소명제로 나눌 수 있습니다. 그리고 각각의 요소명제가 사실과 일치하는지 여부에 따라 우리가 사용하는 언어의 '진리값'을 구할 수 있습니다.

우리가 세계를 이해하는 것은 언어가 세계를 반영하기 때문입니다. 이 과정을 간단히 설명하면 다음과 같습니다. 언어를 구성하는 기본단위는 요소명제이며, 세계를 구성하는 기본단위는 원자사실입니다. 요소명제와 원자사실을 서로 논리적 형식을 공유하며 세계를 그림으로 구현합니다. 그리고 이를 통해 세계를 이해하고 소통할 수 있습니다.

그런데 하나의 명제가 하나의 사실을 충실하게 그린 그림인지 알려면 명제가 사실과 일치하는지 여부를 살펴보아야 합니다. 사실과의 일치 여부에 따라 참 혹은 거짓을 구별할 수 있으며, 사실에 대한 올바른 그림을 그려 올바른 이해를 할 수 있기 때문입니다.

올바른 명제가 되기 위해서는 이에 대응하는 사실이 존재해야 합니다. 그러나 우리가 일상에서 사용하는 언어에는 이에 대응하는 사실을 찾을 수 없는 경우가 종종 있습니다. 일례로 '태양이 사랑을 불태운다' 라는 문장이 있다고 해보죠. 이런 문장은 사실과의 일치 여부를 따질 수 없습니다. 즉, 참과 거짓을 가릴 수 없어 올바른 명제가 아닌 무의미한 문장인 것이죠. 여기서 비트겐슈타인은 철학이 다루는 대부분의 문장이 이처럼 무의미하다고 주장합니다.

> 철학적 문제들에 관해 쓰인 대부분의 명제들과 질문들은 거짓은 아니지만 무의미하다…. 철학자들의 질문들과 명제들은 대부분 언어의 논리를 잘못 이해한 사실의 결과다.

언어는 게임이다

1차 세계대전이 끝난 후 비트겐슈타인은 평소 존경하던 톨스토이처럼 소박한 생활을 하기로 결심합니다. 1913년 아버지 카를이 세상을 떠나면서 그에게 막대한 유산을 남기지만 그는 모든 유산을 포기하고 오스트리아 남부의 산간벽지에서 초등학교 교사가 됩니다. 하지만 그곳에서 비트겐슈인은 동료 교사들은 물론 마을 사람들과도 잘 어울리지 못합니다.

결국 초등학교 교사직을 그만둔 비트겐슈타인은 수도원에서 정원사로 잠시 일하다 2년 동안 누이 마르레테의 저택 신축 공사에 관여합니다. 그는 불필요한 장식이나 치장이 없이 실용적으로 저택을 설계하고

비트겐슈타인이 누이를 위해 지은 '비트겐하우스'

시공 과정을 꼼꼼히 감독했습니다. 저택이 완성되자 많은 사람들이 찬사를 보냈습니다. 특히 그의 제자는 '〈논고〉의 정적인 아름다움을 간직한 저택', 그의 큰누이는 '논리학을 구현한 저택', '신들을 위한 숙소'라고 칭송했습니다.

　나중에 그 저택은 가족에게 상속되었다가 매각되어 한때는 재건축으로 헐릴 위기에 놓인 적도 있습니다. 하지만 이 사실을 우려한 기사가 〈뉴욕 타임스〉에 실리면서 국제적인 뉴스가 되었고, 그 덕분에 오늘날까지 그대로 남아 지금은 불가리아 대사관 내 문화원으로 사용되고 있습니다.

초등학교 교사와 정원사, 건축가로 30대를 보내는 동안 〈논고〉는 세계적인 고전이 되었고, 비트겐슈타인은 케임브리지에서 전설적인 인물이 되었습니다. 특히 1920년대에 카르납, 슐리크, 노이라트 등을 중심으로 결성된 '빈 학파(Wiener Kreis)*' 사람들은 〈논고〉를 마치 성서처럼 여기며 철학적으로 깊이 연구하기도 했습니다.

1929년 비트겐슈타인은 연구생 신분으로 케임브리지로 돌아옵니다. 〈논고〉를 통해 이미 유명해진 그는 〈논고〉로 박사학위를 취득하고 케임브리지 특별연구원으로 강의를 시작합니다. 1933년부터 1934년까지 그가 학생들에게 가르친 강의 노트는 나중에 〈파란 책〉과 〈갈색 책〉이라는 이름으로 출간됩니다.

케임브리지로 돌아온 이후 1929년부터 1935년까지 비트겐슈타인은 강의와 함께 방대한 양의 원고를 작성하면서 중요한 전환점을 맞이합니다. 〈논고〉에서 철학적 문제에 대해 완벽한 해결책을 찾았다고 주장했지만 그것이 잘못임을 깨닫고 철저한 반성과 함께 철학적으로 새로운 방향전환을 모색했기 때문입니다.

1936년에 케임브리지 특별연구원 계약이 끝나자 비트겐슈타인은 한적한 노르웨이로 건너가 1년 동안 머물면서 〈철학적 탐구〉 집필에 몰두합니다. 비트겐슈타인은 〈논고〉에서 언어는 실재와 대응한다는 그림이론을 전개했지만 〈철학적 탐구〉에서는 이 그림이론을 부정합니다. 그러면서 새로운 언어관으로 전환하여 게임에 규칙이 있듯이 언어에도 규칙이 있다는 '게임이론'을 주장합니다. 사실을 그대로 묘사하는 것이 다양한 언어의 기능 중 하나에 불과함을 깨달은 것입니다. 게임이론에서는 언어적 표현이 우리의 삶과 분리할 수 없음을 강조합니다. 언어행위가 인간 삶의 기본 구조이며, 우리의 삶 속에서 이루어지는 이러한 언어놀이를 통해 세계를 이해할 수 있다는 것입니다.

1939년 비트겐슈타인은 무어의 후임으로 케임브리지대학의 정교수로 임명됩니다. 당시 다소 이견이 있기 했지만 비트겐슈타인을 탐탁지 않게 생각하던 브로드조자 다음과 같이 말하며 교수 임명을 받아들였습니다. "비트겐슈타인을 철학 교수직에 앉히지 않는 것은 아인슈타인을 물리학 교수직에 앉히지 않는 것과 다를 바 없다." 그러나 비트겐슈타인의 교수 생활은 그다지 순탄하지 않았습니다.

1941년에 2차 세계대전이 발발하자 이번에도 비트겐슈타인은 대학을 떠나 자원봉사자로 병원에서 환자 수송을 돕다가 나중에는 뉴캐슬의 병원 실험실에서 실험 보조원으로 근무합니다. 그리고 나서 1944년에 케임브리지대학으로 다시 돌아옵니다.

1946년에는 유명한 칼 포퍼*와의 부지깽이 사건이 발생합니다. 그해 10월에 비트겐슈타인이 회장으로 있던 케임브리지대학 도덕과학클

럽에 포퍼가 세미나 발표자로 초청되었습니다. 그런데 세미나를 진행하던 도중 '철학적 문제가 실재한다'는 포퍼의 주장과 '철학적 문제란 언어적 유희에 불과하다'는 비트겐슈타인의 주장 간에 격렬한 충돌이 있었습니다. 분을 참지 못한 비트겐슈인은 난로에서 부지깽이를 집어들어 포퍼를 위협하며 고함을 질렀습니다. 그때 러셀이 소동을 진정시키려 했지만 비트겐슈타인은 자리를 박차고 나갔다고 합니다.

이 일화에서 볼 수 있듯이 비트겐슈타인은 다른 사람들과 잘 어울리지 못하는 다혈질의 오만한 성격의 소유자였습니다. 대학교수 생활도 그리 평탄하지 않았습니다. 그는 제자들이 직업 철학자가 되는 것을 만류할 정도로 직업적인 철학자의 삶을 혐오했으며, 케임브리지대학의 삭막한 분위기도 탐탁지 않게 여겼습니다. 결국 케임브리지에 돌아온 지 3년만인 1947년에 비트겐슈타인은 교수직을 사임합니다.

그 후 비트겐슈타인은 아일랜드 해변의 한적한 오두막에서 연구와 집필에 몰두합니다. 1949년에는 미국으로 여행을 떠나 코넬대학교 교수로 지내던 제자 노먼 맬컴을 방문합니다. 그때 그의 몸은 이미 병들어 있었습니다. 영국으로 다시 돌아온 그는 전립선암 판정을 받습니다. 불치의 병에 걸렸지만 그는 생의 마지막 순간까지 집필 활동을 멈추지 않았습니다. 비트겐슈타인의 62번째 생일날이 1951년 4월 26일, 주치의인 베번 박사

* 칼 포퍼(1902~1994)는 영국의 과학철학자로 '과학 이론은 검증될 수 없어도 반증될 수 있다'는 반증주의에 입각한 과학적 방법론을 주장했다.

가 이제 며칠 밖에 살 수 없을 거라고 말합니다. 그러자 비트겐슈타인은 "좋군요. 사람들에게 전해주시오, 나는 멋진 삶을 살았다고."라고 마지막 말을 남깁니다.

한 줄로 읽는 비트겐슈타인

- 언어와 세계는 공통의 구조를 갖고 있기에 언어의 한계가 곧 세계의 한계라고 말했다.
- 언어의 논리와 한계를 명확히 이해하면 철학적 문제를 해결할 수 있다고 주장했다.
- 인간이 세계를 이해할 수 있는 것은 거울처럼 언어가 세계를 반영하기 때문이라고 설명했다.
- 언어 행위는 인간의 삶의 기본 구조이며, 인간은 이러한 언어놀이를 통해 세계를 이해할 수 있다고 주장했다.

실존은 본질에 앞선다

장 폴 사르트르
Jean Paul Sartre 1905~1980

나는 지금 알고 있다. 나는 존재한다-세계는 존재한다. 그래서 나는 세계가 존재한다는 것을 안다. 그뿐이다…… 그것은 내가 물수제비를 뜨려고 했던 바로 그날부터다. 나는 조약돌을 던지려 했다. 나는 그 돌을 바라보았다. 모든 것이 시작된 것은 바로 그때이다. 나는 그들이 '존재' 하고 있다는 것을 느꼈다. 그 다음에 다른 '구토'가 생겼다.

유명한 사르트르의 소설 〈구토〉의 한 대목입니다. 주인공 로캉탱은 조약돌이나 마로니에 뿌리 같은 사물을 보고 만지며 구토증을 느낍니다. 왜 그는 이렇게 구토증을 느끼는 걸까요?

조약돌처럼 이 세상에 존재하는 사물들은 모두 고유한 특성을 가지고 있습니다. 나무는 나무만의 특성을 가지고 있고, 돌은 돌만의 특성을 가지고 있는 거죠. 이것이 바로 사물의 존재 양식이자 사물의 본질입니다. 한편 인간은 아무 이유 없이 세상에 던져진 존재입니다. 아무것도 결정되지 않은 인간은 사물과 아무런 관련이 없습니다. 사물과 인간은 따로 존재할 뿐입니다.

어느 순간 로캉탱은 존재 이유가 분명한 사물과 달리 '나'는 아무 목적 없이 존재한다는 근본적인 부조리를 깨닫게 됩니다. 이를 사르트르는 "마로니에 나무의 뿌리와 같은 '사물 그 자체'를 직시할 때에 그 우연한 사실성 그것이 부조리이며 그런 때에 인간은 불안을 느낀다."라고 말합니다. 그리고 이러한 존재의 부조리가 바로 구토의 원인이며, 훗날 사르트르 실존주의의 기반이 됩니다.

작가 겸 철학자로 성장하다

사르트르는 1905년 프랑스 파리에서 태어났습니다. 아버지는 해군장
교였고, 어머니는 노벨평화상을 받은 알베르트 슈바이처*의 사촌으로
슈바이처 집안의 딸이었습니다. 사르트르가 두 살이 되었을 때 그의 아
버지는 베트남 열병으로 세상을 떠납니다. 일찍 아버지를 여읜 그는 독
일어 교사였던 외할아버지 집에서 어린 시절을 보냅니다. 그때 사르트
르는 외할아버지의 서재에 가득한 책들을 읽고 쓰면서 문학의 세계에
빠져듭니다.

　1916년 어머니가 재혼하면서 라로셀로 거처를 옮깁니다. 감수성이
예민한 사춘기에 새아버지와 함께 지내야 했
던 이 시기에 대해 사르트르는 훗날 '내 평생
최악의 시기'로 회상합니다. 한편 1922년에
앙리 베르그송**의 〈의식의 직접적 소여에 관
한 시론〉을 읽은 후 깊은 감명을 받고 철학을
전공하기로 결심합니다.

　1924년에 사르트르는 프랑스 전통의 명문
학교인 파리 고등사범학교에 입학합니다. 그
곳에서 사르트르는 메를로 퐁티, 레이몽 아롱,

> * 슈바이처(1875~1965)는 프랑스
> 의 유명한 의사이자 신학자이자 음악
> 가이다. 아프리카로 건너가 평생 동안
> 병들고 가난한 원주민의 의료와 전도
> 에 힘썼으며, 그 공로로 1952년에 노벨
> 평화상을 받았다.
>
> ** 베르그송(1859~1941)은 프랑스
> 의 관념론자로 '생철학'을 대표하는
> 철학자이다. 프랑스 유심론의 전통을
> 계승하는 동시에 다윈과 스펜서의 진
> 화론의 영향을 받아 생명의 '창조적
> 진화'를 주장하였다.

사르트르와 보부아르

조르주 캉길렘 등 한 시대를 풍미했던 프랑스 최고의 지성들과 함께 시간을 보냅니다. 고등사범학교를 수료할 무렵에는 보부아르를 만나 연인관계로 발전합니다. 사르트르는 "우리 사랑은 필연이지만 우연한 사랑도 즐겨야 한다."며 2년 간의 계약 결혼을 제안합니다. 서로에게 구속되지 않고 자유롭게 사랑을 나누는 이 계약결혼으로 두 사람은 평생의 반려자가 됩니다. 두 사람은 철학교수 자격시험에도 나란히 합격하는데, 공교롭게도 그 시험에서 수석은 사르트르였고, 차석은 보부아르였습니다.

1933년 사르트르는 베를린에 있는 프랑스 연구소에서 1년 동안 장학금을 받고 근무하면서 후설, 하이데거, 헤겔 등의 저술을 깊이 연구합니다. 1937년에는 단편소설 〈벽〉을 발표하고, 이듬해에는 첫 장편소설 〈구토〉를 출간하여 세상의 주목을 끌었습니다. 기존의 문학적 양식에서 벗어나 실존주의 메시지가 담긴 〈구토〉는 프랑스문단에 큰 반향을 일으키며 콩쿠르상 후보에 오릅니다.

2차 세계대전이 일어나자 위생병으로 군에
입대한 사르트르는 1940년에 독일군의 포로
가 됩니다. 1941년에 포로수용소에서 풀려나
파리로 돌아와서는 메를로퐁티와 함께 '사회
주위와 자유'라는 비밀 결사조직을 결성하여
레지스탕스 활동을 합니다. 1943년에는 유명
한 희곡 〈파리 떼〉와 함께 그의 대표작이라 할
수 있는 〈존재와 무〉를 발표합니다. 제목에서
보듯이, 〈존재와 무〉는 하이데거의 〈존재와
시간〉으로 영향을 받은 것처럼 보이지만 사르

트르는 이 작품에서 자신만의 독특한 존재론을 전개합니다.

실존주의는 휴머니즘이다

사르트르는 베르그송의 생철학, 후설의 현상학, 그리고 키에르케고르*
와 하이데거**의 실존철학으로부터 많은 영향을 받았습니다. 생철학에
서는 세계를 설명할 때 필연성보다 우연성을 중시하고 현상학에서는 대
상을 향한 의식의 '지향성'을 강조합니다. 그리고 실존철학에서는 "주체
성이 진리이고, 주체성이 현실이다."라는 키에르케고르의 말처럼 진리
가 개인적이고 주관적임을 강조합니다. 사르트르는 이러한 개인적 체험
을 중시하는 실존철학에 근거하여 인간의 본질을 밝혀내려 합니다.

키에르케고르

사르트르는 〈존재와 무〉에서 인간의 의식과 외부의 대상을 구분하여 존재를 설명합니다. 그는 의식이 없는 외부의 사물을 '즉자(en-soi)'라고 부르고, 의식이 있는 인간을 '대자(pour-soi)'로 부릅니다. 의식 밖에 존재하는 즉자는 존재 자체가 본질입니다. 가령 돌은 오직 돌의 본질로 존재하고, 나무는 오직 나무의 본질로 존재합니다. 즉자 존재는 자신도 타자도 의식하지 않고 그대로 존재할 뿐입니다. 의식에 의해 규정되지 않기 때문에 그 존재는 필연이 아닌 우연적인 것입니다. 또한 타자가 필요 없는 자기 충족적인 존재로 완전히 채워져 있습니다.

한편 대자 존재인 인간은 자기 자신을 대상으로 삼아 스스로를 의식할 수 있는 존재입니다. 인간은 자신이 돌이나 나무와는 다른 존재임을 의식합니다. 그런데 즉자 존재가 존재 그 자체로 완전히 채워져 있다면, 스스로를 대상으로 의식하는 인간의 의식에는 빈자리가 있습니다. 따라서 의식이 있다는 것은 자신이 비어 있는 결핍된 존재임을 깨닫는 것입니다. 사르트르는 이러한 비어 있음에 대해 '무(無)에 의해 침투된다'

라고 표현합니다. 사르트르에 따르면 인간은 '무'가 있기에 사물과 구분되며 본질로 규정되지 않습니다.

인간은 즉자로부터 초월하여 대자가 됩니다. 무의 가능성 없이 완전히 충만한 존재인 즉자는 초월이 불가능하며 자유가 있을 수 없지만 무의 가능성을 가진 인간은 자유롭게 선택할 수 있으며, 이를 통해 초월이 가능합니다. 그래서 사르트르는 "인간은 항상 현재의 자신을 넘어서서 살아가며 자신을 둘러싼 대상을 넘어가는 존재"라고 말합니다.

사르트르에 따르면 인간은 무엇인 존재가 아니라 무엇이 아닌 존재입니다. 인간에게는 미리 정해진 본질이 없기 때문입니다. 사물과 달리 자유로운 존재인 인간은 자신이 무엇인지 스스로 결정하며 살아갑니다. 즉, 본질이 규정되지 않은 인간은 먼저 실존하고 그 이후에 스스로 자유로운 선택과 결단을 통해 본질을 만들어 가는 존재입니다. "실존은 본질에 앞선다"라는 사르트르의 유명한 한 마디에 담긴 뜻이 바로 이것입니다.

인간은 자유로운 존재이지만 '불안'을 느낍니다. 홀로 선택하며, 그 선택에 대한 책임을 져야 하기 때문입니다. 그래서 대다수 사람들은 불안으로부터 도피하여 즉자 상태로 살아가려 합니다. 사르트르는 이것을 '자기기만'으로 부르며, 자기 존재를 부정하는 것이라고 주장합니다. 인간이 인간답게 사는 것은 자유롭게 선택하고 책임짐으로써 스스로 존재 이유를 만들어가는 것입니다. 그리고 이것이 바로 사르트르가 주장하는 실존주의적 휴머니즘입니다.

앙가주망 – 행동하는 지식인

1894년 프랑스 육군성에 근무하던 유대인 프랑스 군인 드레퓌스는 독일 대사관 장교에게 군사기밀을 넘긴 혐의로 체포됩니다. 그는 간첩죄로 종신형을 선고받고 악명 높은 '악마의 섬'에 유배당합니다. 그 후 드레퓌스의 무죄를 뒷받침하는 증거가 나타났지만 반유태주의 여론은 그를 조국의 반역자로 매도합니다. 그러자 1898년 프랑스 작가 에밀 졸라*는 신문 지상을 통해 '나는 고발한다'라는 글로 대통령에게 공개서한을 보냅니다.

진실, 나는 진실을 말하겠습니다······ 나의 의무는 말을 하는 것입니다. 나는 역사의 공범자가 되고 싶지 않습니다······ 여론을 오도하는 것, 여론을 집단 정신착란으로 몰고 가 사악한 협잡에 이용하는 것은 범죄 행위입니다······ 나는 군사법정을 고발합니다. 그 이유는 그들이 비공개 서류에 근거해서 피고에게 유죄를 선고함으로써 법을 위반했기 때문입니다······ 나의 행동은 진실과 정의의 폭발을 재촉하는 혁명적 조치입니다. 나의 불타는 항의는 내 영혼의 외침입니다.

* 사실적이고 사회 비판적인 '자연주의' 문학을 대표하는 프랑스 소설가이다. 드레퓌스 사건을 통해 정의와 진실을 추구하는 '행동하는 지식인'의 모범이 되었다.

1898년 〈로로르〉지에 실린 에밀 졸라의 '나는 고발한다' 기사

에밀 졸라는 이 발표로 인해 반대파로부터 극심한 인신공격에 시달렸을 뿐 아니라 무고죄로 유죄선고를 받고 런던으로 망명하는 신세가 됩니다. 그러나 그의 용감한 고발을 계기로 여론은 반전되기 시작하여, 결국 대통령의 특별사면으로 드레퓌스는 풀려나게 됩니다. 이것이 바로 '앙가주망'의 대표적 사례로 손꼽히는 유명한 드레퓌스 사건입니다.

이와 같이 불의에 맞선 양심적 지식인들의 사회적 참여를 앙가주망이라 합니다. 원래 앙가주망은 '약속, 맹세, 계약' 등을 뜻하는 단어로,

사회 및 정치 문제에 적극적으로 참여한다는 의미도 가지고 있습니다. 여기서 앙가주망의 개념을 철학적으로 구체화한 사상가가 바로 사르트르입니다. 사르트르는 현실에 스스로를 던져 넣는 일종의 '자기구속(사회참여)'을 통해 인간이 비로소 자유로운 존재가 된다고 주장합니다. 즉, 인간이란 사회적 현실에 구속되어 있으면서 동시에 그 현실을 변화해 가는 존재라는 것입니다. 그래서 사르트르는 '나는 상황을 바꾸기 위해 나 자신과 남들에게 상황을 드러낸다.'라고 말합니다.

2차 세계대전 당시에 이미 나치 독일에 맞서 레지스탕스로 활동했던 사르트르는 그 이후에도 적극적으로 사회 현실에 참여한 '행동하는 지식인'이었습니다. 전후에 사르트르는 무신론적 실존주의에서 벗어나 마르크스 사상에 열중하기 시작합니다. 그는 실존주의와 마르크스주의를 결합시킨 〈변증법적 이성비판〉을 발표합니다. 그의 과제는 실존주의의 자유를 마르크스주의의 혁명을 통해 실현시키는 것이었습니다. 이와 같이 사회적 변화와 혁명을 원했던 그는 남미의 혁명가 체 게바라를 '우리 시대의 가장 완벽한 인간'으로 극찬했으며, 알제리 독립을 열망하는 민족해방전선을 지지하기도 했습니다.

1963년에 사르트르는 자전적 소설 〈말〉을 발표하여 노벨문학상을 받습니다. 그러나 그는 노벨상 수상을 거부합니다. 거부 이유는 노벨문학상이 서구 작가들에게만 지나치게 편향되어 있으며, 문학의 우수성에 등급을 매기는 제도에 얽매이고 싶지 않다는 소신 때문이었습니다.

1964년에는 베트남 전쟁이 일어나자 '더러운 전쟁'이라 부르며 전쟁에 반대하는 시위에 참가했습니다.

1968년에 프랑스 청년들이 노동자들과 함께 기성세대와 가부장적 권위주의에 저항하면서 이른바 '68학생운동'을 일으키자 사르트르는 이 혁명운동에도 적극적으로 참여합니다. 그는 '금지하는 것을 금지한다'라는 구호로 기성체제에 저항하는 '신좌파' 청년들의 정치 참여를 적극 지지했습니다. 당시 샤를 드골 대통령은 참모들이 사르트르의 체포를 건의했지만 '볼테르를 바스티유 감옥에 넣을 수 없다'며 만류했다고 합니다. 한국의 시인 김지하가 1974년 민청학련 사건으로 국가보안법 위반 및 내란선동죄 혐의로 사형선고를 받았을 때에는 김지하의 시 〈오적〉 번역본을 받고 곧바로 그의 석방을 요구하는 호소문에 서명을 해주었다고 합니다.

1960년대 이후로도 사르트르는 왕성하게 작품 활동을 합니다. 하지만 그의 건강은 점점 악화됩니다. 그는 줄담배를 피우는 골초로 유명했는데, 이 역시 건강에 악영향을 미쳤습니다. 결국 1973년에 눈이 거의 실명 상태에 이르자 사르트르는 집필 활동을 중단합니다. 그리고 1980년 4월 15일, 파리 14구의 브루세 병원에서 폐수종으로 사망합니다. 사르트르의 장례식이 열린 날, 수만 명의 군중이 모여들어 애도의 물결을 이루며 몽파르나스 묘지까지 동행했습니다. 사르트르의 죽음 이후에 보부아르는 한 인터뷰에서 "사르트르의 죽음이 우리를 갈라놓았다. 우리의 삶이 그토록 오랫동안 조화롭게 하나였다는 사실이 그저 아름다울 뿐이다."라고 말했습니다. 현재 몽파르나스 묘지에는 사르트르와 그의 평생의 동반자였던 보부아르의 무덤이 함께 안치되어 있습니다.

한 줄로 읽는 사르트르

- 의식 없는 사물은 '존재'하지만 의식 있는 인간은 '실존'한다고 주장했다.
- 본질이 규정되지 않은 인간은 먼저 실존하고, 그 이후에 자유로운 선택과 결단을 통해 본질을 만들어간다고 보았다.
- 양심적 지식인의 사회적 참여를 뜻하는 '앙가주망'을 철학적 개념으로 구체화한 철학자이다.
- 인간은 사회적 현실에 구속되어 있으면서 동시에 그 현실을 변화해 가는 존재라고 말했다.

| 참고 문헌 |

한스 요하임 슈퇴리히 〈세계철학사〉 박인수 옮김, 이룸 2008

나이젤 워버턴 〈철학의 역사〉 정미화 옮김, 소소의 책 2019

이정우 〈세계철학사〉 길 2018

윌 튜랜트 〈철학 이야기〉 황문수 옮김, 문예출판사 2006

호리카와 데스 〈에피소드로 읽는 서양철학사〉 이선희 옮김, 바움 2010

강성률 〈서양철학사 산책〉 평단 2009

버트런드 러셀 〈서양철학사〉 서상복 옮김, 을유문화사 2009

요한네스 힐쉬베르거 〈서양철학사〉 강성위 옮김, 이문출판사 2015

한국철학사상연구회 〈다시 쓰는 근대철학사〉 오월의 봄 2012

오트프리트 회페 〈철학의 거장들〉 이엽 등 옮김, 한길사 2001

이동희 〈세계에서 가장 흥미로운 철학 이야기〉 휴머니스트 2010

안광복 〈처음 읽는 서양철학사〉 웅진지식하우스 2008

새뮤얼 이녹 스텀프 〈소크라테스에서 포스트모더니즘까지〉 이광래 옮김, 열린책들 2008

앤소니 고튤립 〈서양철학의 파노라마〉 이정우 옮김, 산해 2002

김형석 〈모두를 위한 서양철학사〉 가람기획 2011

필립스톡스 〈100인의 철학자 사전〉 이승희 옮김, 말글빛냄 2010

훌리안 마리아스 〈철학으로서의 철학사〉 강유원 옮김, 유유 2016

서용순 〈청소년을 위한 서양철학사〉 두리미디어 2007

리하르트 다비트 프레히트 〈세상을 알라: 고대와 중세 철학〉 박종대 옮김, 열린책들 2018

강대석 〈서양근세철학〉 서광사 1985

켄틴 스키너 〈마키아벨리의 이해〉 강정인 옮김, 문학과 지성사 1996

켄틴 스키너 〈마키아벨리〉 신현승 옮김, 시공사 2001

크리스토퍼 제너웨이 〈쇼펜하우어〉 신현승 옮김, 시공사 2001

이순성 〈오늘을 읽는 철학〉 마리서사 2018

르네 데카르트 〈성찰〉 이형복 옮김, 문예출판사 1997

John Cottingham 〈Descartes〉 Oxford : Blackwell 1986

장 폴 사르트르 〈구토〉 방곤 옮김, 문예출판사 1999

박병철 〈비트겐슈타인 철학으로의 초대〉 필로소픽 2014

분석철학연구회 〈비트겐슈타인의 이해〉 서광사 1989

루드비히 비트겐슈타인 〈논리-철학 논고〉 이영철 옮김, 책세상 2006

한 줄로 시작하는 서양철학

_철학을 어렵게 만드는 딱 한 줄, 뜻이라도 알자!

초판 1쇄 인쇄 2020년 01월 30일
초판 4쇄 발행 2022년 09월 10일

지은이 신현승 전무규
펴낸이 김영애

펴낸곳 도서출판 책찌
출판등록 제406-2010-000052호
전화 031-955-1581
팩스 031-955-1582
전자우편 bookzee@naver.com
ISBN 979-11-85730-18-9 03100

＊이 도서는 한국출판문화산업진흥원의 '2019년 출판콘텐츠 창작 지원 사업'의 일환으로 국민체육진흥기금을 지원받아 제작되었습니다.

＊책값은 뒤표지에 있습니다.